长江经济带协同发展论丛：过程·机理·管治

丛书主编：曾　刚

科技园区地方协同发展的
理论与实践

边慧夏　著

中国财经出版传媒集团

经济科学出版社
Economic Science Press

图书在版编目（CIP）数据

科技园区地方协同发展的理论与实践/边慧夏著.
—北京：经济科学出版社，2016.9
（长江经济带协同发展论丛：过程·机理·管治）
ISBN 978 - 7 - 5141 - 7225 - 6

Ⅰ.①科…　Ⅱ.①边…　Ⅲ.①长江经济带 - 高技术园区 -
区域经济发展 - 研究　Ⅳ.①F127.5

中国版本图书馆 CIP 数据核字（2016）第 209885 号

责任编辑：刘　莎
责任校对：王苗苗
责任印制：邱　天

科技园区地方协同发展的理论与实践

边慧夏　著

经济科学出版社出版、发行　新华书店经销
社址：北京市海淀区阜成路甲 28 号　邮编：100142
总编部电话：010 - 88191217　发行部电话：010 - 88191522
网址：www. esp. com. cn
电子邮件：esp@ esp. com. cn
天猫网店：经济科学出版社旗舰店
网址：http://jjkxcbs. tmall. com
北京密兴印刷有限公司印装
710 × 1000　16 开　14 印张　220000 字
2016 年 9 月第 1 版　2016 年 9 月第 1 次印刷
ISBN 978 - 7 - 5141 - 7225 - 6　定价：56.00 元
（图书出现印装问题，本社负责调换。电话：010 - 88191502）
（版权所有　侵权必究　举报电话：010 - 88191586
电子邮箱：dbts@ esp. com. cn）

《长江经济带协同发展论丛：过程·机理·管治》

总　序

　　长江全长 6397 千米，是世界第三大长河，流域面积 180 万平方千米。长江经济带包括上海、江苏、浙江、安徽、江西、湖北、湖南、重庆、四川、贵州、云南九省二市，2015 年，其土地面积为 205 万平方千米，占全国国土总面积的 21.3%；人口为 5.9 亿，占全国的 43.7%；国内生产总值为 30.53 万亿元，占全国的 45.12%，是横跨我国东中西三大不同类型区的巨型经济带，也是世界上人口最多、产业规模最大、城市体系最为完整的流域，在中国发展中发挥着十分重要的作用。

　　协同发展（Coordinated Development）是指协调两个及两个以上的不同资源、个体，相互协作围绕某一具体目标，达到共同发展的过程。协同发展论与达尔文进化论不同，强调竞争不以优胜劣汰、置对方于死地为目的，而是通过发挥双方各自特长，通过制度、体制、科技、教育、文化的创新，实现双方的共同发展和社会共同繁荣。协同发展的理论根基为协同学，而协同学（Synergetics）由德国斯图加特大学教授、著名物理学家赫尔曼·哈肯（Harmann Haken）于 1971 年首次提出，并在 1976 年发表的《协同学导论》一书中进行了系统论述，它是一门跨越自然科学和社会科学的新兴交叉学科，是研究系统内部各子系统之间通过相互合作共享业务行为和特定资源而产生新的空间结构、时间结构、功能结构的自组织过程和规律的科学。1990 年以来，随着冷战的结束、经济全球化的发展，协同学逐渐被引入地理学、经济学、管理学、社会学等学科领域，并得到了进一步发展和应用。

放眼全球，受经济全球化不断深化的影响，协同发展论已经成为当今世界许多国家和地区实现社会可持续发展的理论基础，欧盟已将协同发展作为推进欧洲一体化的指导思想与原则，并据此制定了一系列涉及世界城市群建设、创新网络、经济互动、社会共享等领域的纲领和政策措施，取得了显著成效。回眸域内，长江经济带建设是我国新时期与"一带一路"、京津冀协同发展并列的三大国家发展战略重点区域之一。2013 年 7 月 21 日，习近平总书记在湖北考察时指出，"长江流域要加强合作，发挥内河航运作用，把全流域打造成黄金水道"；2014 年 3 月 5 日，李克强在《2014 年政府工作报告》中首次提出"要依托黄金水道，建设长江经济带"；2014 年 9 月 25 日，国务院发布了《关于依托黄金水道推动长江经济带发展的指导意见》（国发〔2014〕39 号），明确了长江经济带的地域范围、奋斗目标和发展战略；2016 年 3 月 18 日发布的《中华人民共和国国民经济和社会发展第十三个五年规划纲要》指出，推进长江经济带发展，建设沿江绿色生态廊道，构建高质量综合立体交通走廊，优化沿江城镇和产业布局，坚持生态优先、绿色发展的战略定位，把修复长江生态环境放在首要位置，推动长江上中下游协同发展、东中西部互动合作，建设成为我国生态文明建设的先行示范带、创新驱动带、协调发展带。

展望未来，长江经济带在我国国民经济带发展中肩负着重要的历史使命，必须在践行创新、协调、绿色、开放、共享的发展理念，在协同发展、科技创新等方面率先垂范。有鉴于此，依托上海市哲社重点研究基地"华东师范大学长三角一体化研究中心"、上海市人民政府决策咨询研究基地曾刚工作室、教育部人文社科重点研究基地"华东师范大学中国现代城市研究中心"、华东师范大学城市发展研究院，在教育部中国特色世界一流大学和一流学科建设计划、上海高等学校高峰学科和高原学科建设计划等的支持下，在本人主持的长江经济带系列研究项目的基础上，编著、出版《长江经济带协同发展论丛：过程·机理·管治》，全面系统地探讨长江经济带不同空间层级、不同专题领域的协同发展、创新发展问题，以期为长江经济带科学规划、健康发展提供理论和应用参考。

在丛书的编写和出版过程中，上海市人民政府发展研究中心、华东师范大学长江经济支撑带协同创新中心、长江经济带研究会等单位、组织的领导和工作人员给予了大力支持，中国财经出版传媒集团王长廷副总编为本丛书顺利出版付出了大量心血，特此致谢！

需要特别说明的是，长江经济带协同发展是一个重大而复杂的理论与应用命题，迫切需要社会各界协同探索。受多方面条件所限，本套丛书谬误之处在所难免，恳请读者批评指正！

华东师范大学终身教授　曾刚

2016 年 5 月于华东师大丽娃河畔

前　言

　　党的十八大强调，科技创新是提高社会生产力和综合国力的战略支撑，必须摆在国家发展全局的核心位置。科技作为第一生产力，决定着实体经济的走势，也左右着未来全球的竞争格局。自 2008 年金融危机以来，世界经济格局风云变幻，创新资源加速在全球布局，世界开始进入以科技创新全球流动为特征的创新全球化时代。创新全球化以"进行创新的人才、产生创新的知识和促进创新的资本"的流动为特征，加速了技术、知识、信息、资本、人才等创新资源在全球范围的配置协同，给世界经济注入了新的活力。

　　在世界创新体系的宏观层面，传统意义上的国际大都市都在加紧谋划和建设"全球科技创新中心"，以凸显科技创新对城市功能的支撑和引领。2014 年 5 月 22 日到 24 日，习近平总书记在上海考察时提出，上海要加快向具有全球影响力的科技创新中心进军。而科技创新中心是指科技创新资源密集、科技创新活动集中、科技创新实力雄厚、科技成果辐射范围广大，从而在全球价值链中发挥重要价值增值功能，占据领导和支配地位的城市和区域。随着经济全球化和科技国际化的迅猛发展，科技创新中心都不可能孤立存在，必然产生或多或少、或强或弱的联系和协同，并受到全球创新网络的影响。从本质上看，全球科技创新中心的建设过程是城市科技创新功能国际化并形成全球影响力的过程。

　　在国家创新格局的中观层面，在我国构建开放型经济体系、推进区域间一体化建设的今天，国家高新区如何借鉴开放型经济思维，形成不同地域范围之间的合作联动机制，打造全国创新服务网络体系，从而发挥高新区集聚、辐射、扩散作用，成为新一轮经济发展的题中应有之义。当前，国家高新区的发展已进入以内生增长为主导的新阶段，高新区作为重要的科技创新载体需要跨区域主动寻求创新资源，站在更高的角度导入资源。"国家高新区区域合作中心"就是以政府为引导、以需求为导向的市场化新型合作机制，通过实施全要素资源配置，实现国家高新区间创新资源互补与高效对接的平台。

在区域创新发展的微观层面，作为生产要素主要聚集地、科技创新重要平台和实体产业运营载体的科技园区，在一个地方的经济社会发展过程中起着示范、带动作用，并日益成为区域科技核心竞争力的重要体现。科技园区的地方协同发展，是创新区域化的必然产物和新的表现形式，是以人才为主要载体的技术、信息和资本在一定区域内的流动，其基础是园区自身的专业化，本质是区域范围内的协同。这样来看，主动把控科技园区的地方协同发展，了解区域创新资源的最新分布，让区域内的创新"尖峰"（科技园区）建立链接，进而实现人才、技术、资本等创新资源的有效对接，具有十分重要的意义。因此，科学分析和合理优化科技园区协同发展的运作机理和影响因素，充分调动个体园区的潜能，发挥多个科技园区之间的整体功效，乃是关系科技园区发展的关键问题，更是关系区域科技竞争力长远持续发展的决定因素。

笔者以导师主持的国家自然科学基金项目"基于生态文明的区域发展模式研究"（课题编号：41071093）、"层级式产业集群内部技术权力突破与创新升级研究"（课题编号：41371147）、上海市软科学重点项目"基于长江经济带发展战略的长三角科技创新合作研究"（课题编号：15692100700）等课题为支撑，在国内外科技园区发展理论基础上对科技园区地方协同发展的内涵特征、发展模式、运作机理进行了研究，从区域、园区、产业、企业和资源五个方面探讨了科技园区地方协同发展理论。在研究过程中，一方面，笔者考虑到在当前中国经济转型升级的大背景下，高技术产业呈现由东部向西部、由市区向市郊转移的趋势，工业园区逐渐转型成为科技园区，这是中国大部分地区科技园区发展的趋势。上海市 P 区位于城郊接合部，在 20 世纪 90 年代"退二进三"中承接了大量由市中心转移而来的高技术产业，现有的科技园区大多由原来的工业园区转型而来。而选择 P 区的科技园区作为此次研究的样本园区，在一定程度上契合了中国科技园区发展的整体趋势，具有一定的代表性，有助于对经济转型期间中国科技园区的发展进行研究。另一方面，基于数据可得性的考量，此次研究涉及园区较多，需要获取的数据量较大，数据可得性尤为重要。而在 P 区的科创发展规划中，区委、区政府十分重视培育地方科技核心竞争力，致力于区域的宜创功能的打造，全力建设科创驱动转型实践区；这里较低的商务、居住和创业成本以及较高的市场服务水平也吸引着众多园区经营者、企业和创业者。在 P 区一段 3 公里的道路两边，汇聚了 10 多家创业园区，而在该区的苏州河两旁，也集聚了 10 多家创意园区，整个 P 区聚集着大大小小成千上万名创新创业者。通过实地调研，P 区科技园区的自然条件、彼此的合作情况等相关资料都较为完整，有利于实证研究。因此，笔者以上海市 P 区的科技园区为例，介绍分析了科技园区协同发展的演化阶段，建立了评价体系，并运用层次分析法对发展情况进行了评价，建立结构方程探讨了五方面因素的影响，并运用 AMOS v17.0 软件对影响程度进行了实证分析，验证了科技园区地方协同发展理论的客观存在和实际意义。

科技园区在地方生产网络基础上进行协同发展。在多个科技园区地方生产网络彼此交织而形成的生产网络系统中，各园区、企业、相关政府职能部门、中介机构、投资机构、大学及科研机构等组成要素之间优势互补、协调合作，发展活力得以充分释放、发展潜力得以充分发挥，使得系统整体发展大于各要素独立发展之和，形成了有序运作的协同发展状态。科技园区地方协同发展模式包括企业协同模式和园区协同模式两种。位于不同园区的企业主体之间的协同作用即为企业协同，包括生产协同、销售协同、资本协同、品牌协同和创新协同；园区主体之间的协同作用即为园区协同，包括产业协同、功能协同、服务协同和品牌协同。不同园区之间企业主体和园区主体的协同作用引起资本要素、劳动力要素和知识要素在园区之间流动，实现了园区间资源的优化配置。资本要素、劳动力要素向园区报酬率较高的优势产业汇聚，为其提供了雄厚的资金保障和深厚的人才储备，推动了园区优势产业的发展，促进了园区产业结构调整升级。知识要素从创新高地向创新洼地扩散，提高了科技园区的整体创新能力。同时，要素流动加深了科技园区之间联系的紧密程度，有助于加深园区间协同作用的程度、提高协同作用的效果。

科技园区地方协同发展的演化可经历"企业自主、政府引导到多元驱动"三个阶段，在不同的阶段，科技园区协同发展的驱动机理、协同模式和影响因素也在不断发生变化。第一阶段为企业自主阶段，驱动机理为科技园区企业的单要素驱动，主要协同模式是生产协同和低级的产业协同，主要影响因素是企业家精神、企业间竞争和园区区位与交通。第二阶段为政府引导阶段，驱动机理为政府与企业双要素驱动，主要协同模式为高级产业协同、功能协同、销售协同和服务协同，主要影响因素为区域政策法规和主导产业发展状况。第三阶段为多元驱动阶段，驱动机理为园区、政府、企业多要素共同驱动，主要协同模式为品牌协同、资本协同和创新协同，主要影响因素为园区创新激励机制和资本自由流动。总体来看，科技园区的发展呈现出从低级到高级、从简单到复杂、从单要素独立驱动到多要素混合驱动的演变规律，协同范围越来越广、协同程度越来越深、协同效果越来越显著。

区域、园区、产业、企业和资源五方面的因素对上海市P区科技园区协同发展的影响程度存在差异，但存在着明显的正相关关系，并对该区科技园区协同发展均具有相当高的贡献度。具体来看：一是较高的区域经济发展水平是P区科技园区协同发展的前提。从全国范围来看，上海市P区经济发展水平相对较高，区域内经济软化程度也相对较高。科技园区中具有相当规模的技术服务机构、资本服务机构和咨询服务机构，为科技园区进行资本协同和创新协同创造了良好的条件。同时，较高的经济发展水平吸引着大量优质人力资源、资本和知识要素在科技园区集聚，为科技园区的技术创新和制度创新提供了要素支撑，有助于科技园区的企业之间进行创新协同。二是良好的区域文化环境是 P 区科技园区协同发展的助力。P区位于国际化大都市上海，蕴含"海纳百川，兼容并蓄"的上海海派文化。这种优性文化一方面促进了外来资本、企业与本土资源的融合，有利于减少融合时间和融合成本，加快形成新的生产网络和社会网络，促进科技园区之间的资源流动和企业合作；另一方面也增加了不同园区企业之间的信任程度，减少了因不信任而增加的交易成本，提高了不同科技园区企业合作的效率。三是较高的企业创新能力是 P 区科技园区协同发展的支撑。具有较高创新能力的企业往往具有其他企业所不曾掌握的先进技术和理念，通过交流合作或技术交易，能够加强创新协同作用，加快区域技术扩散，提高以之为中心的区域竞争力。在技术交流或交易过程中形成的生产联系，也有助于巩固和拓展科技园区地方生产网络，进一步推进科技园区地方协同发展。

上海市具有中国较为成熟、发达和数量较多的科技园区群落，科技园区也是上海成为具有全球影响力的科技创新中心的基础支撑。但众多分散存在的科技园区由于发展时间短、地理邻近、规模小，所以在本区域范围内的地方协同发展程度是较弱的。通过研究可发现上海市 P 区科技园区在区域范围内的协同程度较弱，协同作用在科技园区发展中的贡献度较低。园区企业间联系次数较少，所涉及企业在园区所有企业中的占比较低。园区企业在长三角、全国乃至全球范围的地理空间寻找协同伙伴，整体呈现协同外向型、国际化的发展趋势。在地域范围内，地理临近不再是促进地方生产网络形成和科技园区协同作用的主要因素，基于产业链和价值链的企业协同成为科技园区地方协同发展的主要贡献因素。同时，科技园区协同作用程度与园区发展情况存在一定的正相关性。由于 P 区科技园区存在竞争力相对偏弱、协同效应不显著的现象，因此也希望在后续的研究中能够将一些科技园区竞争力较强的地区作为研究对象，并考虑拓展研究范围，在长三角地区、全国乃至世界范围内对科技园区协同发展的情况进行研究。

由于笔者长期从事微观领域的城市创新和区域经济的实践研究，故从实践应用角度，从科技园区地方协同发展的微观层面，提出如下建议：一是加大政策协同，增强园区的发展活力；二是健全管理协同，建立运转顺畅的体制机制；三是促进产业协同，错位发展自成特色；四是完善功能协同，规划引导优势互补；五是加强服务协同，逐步优化园区整体环境；六是形成创新协同，提升园区技术研发能力；七是注重品牌协同，充分发掘园区的内在附加值；八是探索资本协同，为科技企业的投资融资提供途径。希望本书的研究能够给科技园区地方协同发展的理论研究和实践运用带来些许促进和启迪。

边慧夏

2016 年 1 月于华东师范大学

目　录

第一章

科技园区地方协同发展的背景

自 20 世纪 50 年代第三次科技革命发生以来，人类在经济、政治、文化、社会、生态文明建设领域发生了翻天覆地的变化，科学技术对生产力发展的促进作用和整体贡献得到空前提高，科技竞争力（包括科技的实力潜力、投入产出、体制机制、环境基础、科技与经济社会协调发展程度等的综合）越来越成为国家、区域和企业竞争力的重要组成部分。

随着经济全球化、科技国际化进程的推进，在世界创新体系的宏观领域，传统意义上的国际大都市都在加紧谋划和建设"全球科技创新中心"，并通过全球创新网络建立链接并相互影响，以凸显科技创新对城市功能的支撑和引领；在国家创新格局的中观领域，国家高新区作为重要的科技创新载体需要跨区域主动寻求创新资源，形成不同地域范围之间的合作联动和互补对接，打造全国创新服务网络体系，发挥着集聚、辐射、扩散作用；在区域创新发展的微观领域，科技园区作为生产要素的主要聚集地、科技创新的重要平台和实体产业的运营载体，在一定区域范围内，在不断追求自身专业化的同时，更加注重区域范围内的相互协同，实现着资本、人力、技术、信息等资源的流动和对接，并使科技园区在区域经济社会发展中的带动和示范作用越来越显著。同时，科技创新和信息技术的发展加速了经济全球化、国际化或区域化的进程，以企业为核心的不同层次生产网络的建立让经济资源和生产要素实现了全球、国家或区域范围的流动和汇聚。全球科技创新中心、国家高新区、地方科技园区等嵌入生产网络可以进一步发挥其作为资源平台、创新平台和功能平台的优势，提高经济资源和生产要素的汇聚能力，促进科技成果的转化和科技竞争力的提升。

拥有一流的科技园区并不等于一个区域具备了一流的科技竞争力，一流的科技园区系统的整体规划、互补的功能构架和有序的运作模式，才是一个区域具备一流科技竞争力的基础。从"整体大于局部，系统重于要素"的角度出发，科技园区相互间的整体效用，应远远超过其中个体效用的总和。而多个科技园区的整体功能结构优化的独特作用就在于把个体园区进行排列组合、优势互补、功能放大，通过科技园区之间的合理规划促进园区之间形成合理有序的分工协作，充分发挥科技园区的协同发展优势，从而取得 $1 + 1 > 2$ 的发展效果，产生大于个体园区之和的整体功效。因此，科学分析和合理优化科技园区地方协同发展的影响因素，充分调动个体园区的潜能，发挥多个科技园区之间的整体功效，乃是关系科技园区发展的关键问题，也是实现科技园区有序管理的重要内容，更是关系区域科技竞争力长远持续发展的决定因素。

第一节　科技园区协同发展的时代背景

第三次科技革命自 20 世纪 50 年代中期发生，到 20 世纪 70 年代初期达到高潮①。这是人类历史上继蒸汽机和电力发明之后又一次重大科学技术革命。它以核能、电子计算机、空间技术和生物工程的发明与应用为主要标志，极大地影响到人类生活和思维方式，使人类社会和人类现代化向更高境界发展，而这些都与高新技术产业及其园区的蓬勃发展有关。在发达国家高新技术园区的引领下，20 世纪 80 年代后，各国纷纷建立自己的高新技术产业开发区，大力发展高新技术产业。

一、科技园区成为全球经济的增长极

（一）科技园区迅猛发展对经济发展和产业转型起到引领作用

1951 年，世界上第一个科技园区——斯坦福大学研究园（Stanford Research Park）在美国成立，硅谷模式把科技创新、知识创新融入经济发展中，使社会发展进入了知识经济时代，改变了传统经济的发展模式，成为新的经济增长点。经过半个多世纪的发展，全球范围内科技园区的数量、规模和类型都

---

① 吴于廑，齐世荣. 世界史·现代史编：下卷 [M]. 北京：高等教育出版社，1994：280 – 294.

已经得到了很大的提升和拓展。从世界范围看，科技园区主要集中在北美、欧洲和东亚地区，对这些地区经济发展和产业结构转型升级起到了积极的作用。以高新区为代表的科技园区的成功实践，带来了全球性的经济结构调整优化和能级提升，极大地改变和影响了世界范围内的科技分工与经济结构，并迅速成为世界经济发展中最有影响力和最引人瞩目的焦点。

（二）科技园区利用科技创新和成果转化成为经济发展新的增长点

科技园区的出现将科技创新和科技成果转化引入经济发展过程中，改变了世界经济传统的发展模式，成为全球范围经济发展新的增长点。随着经济的发展和社会的进步，区域之间的竞争越来越激烈，逐渐演化成区域综合实力的竞争。在产业领域，综合实力竞争的背后是科技创新的竞争，处于科技高端的地区在博弈中占据有利地位。在经济领域，特别在后世界金融危机和欧洲债务危机时代，过度的虚拟经济受到沉重打击；而科技园区掌握了当代高技术产业发展的核心技术，并控制着全球高技术产业发展的趋势和走向，成为全球性或区域性高技术产业创新中心。以科技园区为引擎的经济增长模式得到了世界各国的青睐，成为当今世界经济增长的主要推动力和新的增长极。

（三）科技园区汇聚资源要素的优势成为各区域经济竞争力的重要支撑

鉴于掌握科学技术的企业具有获取大量的上游产业利润的可能，各区域纷纷进行产业结构的优化调整和经济结构的转型升级，不断加大对科技园区的政策支持和资金投入，以吸引科技企业入驻园区。同时，科技园区也由此汇聚了大量的生产要素和科技资源，高度专业化的企业之间的协作交流极大地提升了园区知识扩散、技术合作和信息传递的效率，从而进一步提高了园区的科技创新和知识创新能力，使得科技园区内企业的生产效率不断提高，科技园区的竞争优势更为明显，并逐步成为区域经济竞争力的重要支撑。

二、全球化、专业化、信息化催生生产网络

（一）全球化的基础作用

全球生产网络以跨国公司（Transnational Corporations，TNCs）为核心。跨

国公司又称国际公司，是指在多个国家拥有从事生产经营活动的分支机构，并通过总公司进行统一管理的大型企业集团。跨国公司在全球范围内的经营布局促进了资本、人力资源、知识、产品和信息等经济资源在国家和地区之间的流动，加速了经济全球化进程。在这个进程中，发达国家逐渐占据了产业链高端，以专业化的高端服务业作为主要产业，发展中国家逐渐吸纳发达国家转移过来的加工制造业，成为世界主要的生产制造区域。

（二）专业化的关键作用

首先，发达国家占据价值链高端的研发、设计、销售、结算等关键环节，发展中国家处于价值链低端的生产制造环节。其次，随着社会发展、科技进步，生产的精细化、专业化已成大势所趋，产品的品质、生产速度、成本等潜在优势成为企业的竞争力所在，企业之间的分工合作不断加强。最后，随着生产的垂直型分工合作和水平型分工合作的不断加深，价值链各环节之间不断进行有机整合，各价值链之间交互重叠呈现网络化结构，逐渐形成了包含多重主体和尺度的全球生产网络（Yeung，2008；李健，2008：16-30）。

（三）信息化的辅助作用

随着信息技术和互联网的飞速发展，地理上处于割裂状态的区域之间相互联系越来越方便，进一步推动了跨国公司世界范围内的产业布局和产业合作。信息化成为全球化、专业化生产运作的重要支撑和辅助，缩小了区域、园区、产业、企业、资源之间的地理空间，扩大了相互间合作的可能性，对全球生产网络的发展起到了极大的推进作用。

从联合国贸易和发展会议发布的《2010年世界投资报告》中可以看出，最近20年间，发展中国家跨国公司数量急速增加，占世界跨国公司总数的比重从1992年的8%上升到2008年的28%，对外投资存量占世界总量的比重也从1990年的7.05%提高2008年的15.65%。世界经济已经从发达国家跨国公司主导的单极化逐渐向多主体共同主导的多极化模式转变，全球生产网络中各网络主体的博弈机制趋向复杂化（李仙德，2012）。由此可见，经济发展的全球化、专业化、信息化正在不断催生并推动生产网络的急速发展，也为各网络主体的发展创造了基础条件。

第二节　科技园区地方协同发展的学术背景

从世界和中国科技园区及其协同发展的现状与相关文献分析，可以将科技园区的协同发展划分为两个层面，即宏观层面以全球创新中心为代表的科技园区全球协同发展和微观层面的科技园区地方协同发展。微观领域的科技园区，在一定地域范围内通过不断完善内生机制和增强相互协同，实现着技术、信息和资本等创新资源的流动和对接，并在区域经济社会发展过程中发挥着越来越大的作用。

从理论角度看，科技园区和生产网络是当今经济地理学界研究的两大热点，但需要在以下三个方面加大研究力度：一是需要对一定区域范围内多个科技园区之间的关联状况进行研究。经济学界对科技园区的研究越来越涉及多个学科的综合，运用多种理论进行多视角分析，比如系统理论视角、协同学视角、产业集群视角、城市空间视角等。研究的范畴包括对于单个园区发展机制、模式、程度的分析，不同空间范畴的科技园区之间分工合作和联系的分析，以及对不同科技园区的特性进行比较分析等。但是，在对科技园区的研究过程中，对于单个园区发展和跨区域园区之间合作情况的研究相对较多，对于一定区域范围内多个科技园区协同发展情况的研究相对较少。本书拟注重经济地理学的"关系转向"，将关系经济地理学应用于科技园区范畴，系统研究一定区域范围内科技园区之间通过相互合作实现共同发展的关联状况。二是需要对生产网络理论在科技园区相互联系中的作用进行分析。生产网络理论是经济地理学的重要组成部分。在全球生产网络范畴，许多研究以跨国公司为研究重点，关注全球生产网络的空间结构、治理机制、组织行为等；或是从全球范围的城市空间结构入手，研究生产网络与城市网络之间的关联性，探讨两者在空间结构、组织行为方面的联系。在地方生产网络范畴，许多研究关注生产网络对地方制度、文化和关系的嵌入，关注"制度厚度"、"文化转向"和"关系"的性质对于生产网络地方根植性的影响，强调生产网络与产业区、集群、学习型区域、产业升级和地方经济发展之间的关联性。但是，在生产网络研究过程中，对于企业节点或城市节点（如全球城市网络、网络化的企业空间行为等）的研究相对较多，对于大量企业汇聚的科技园区在生产网络中的性质和作用，以及生产网络与科技园区的关联的研究则相对较少。科技园区是生产网络的重要载体，蕴含着生产网络的驱动力量，是生产网络的重要组成部分。本书拟通过对科技园区在生产网络基础上进行协同发展的研究，阐述生产网络对于一定区域范围内科技园区相互联系和分工合作的重要意义，从而拓展生产网络理论的研究领域。三是需要对科技园区地方协同发展理论进行探索和完善。本书在生产网络的基础上，侧重对微观领域的科技园区地方协同发展原理的研究，拟通过系统分析科技园区地方协同发展的内涵、模式、机理和演化阶段，验证区域因素、园区因素、产业因素、企业因素和资源因素对科技园区地方协同发展的影响和作用，以揭示科技园区地方协同发展的内因与外因，探索构建一定区域范围内科技园区之间相互作用的理论框架。从总体上看，本书的研究致力于将生产网络引入科技园区协同发展的研究，寻求科技园区地方协同发展的规律，试图拓展对科技园区"关系"研究的路径，探索地方生产网络理论在区域范围内科技园区"关系"研究中的适用性，并以此丰富地理经济学的研究领域。

从实践需求看，科技园区地方协同发展理论可以分析一定地理空间范围内科技园区优势互补、联动发展的情况，对于快速诊断科技园区地方协同发展方面存在的具体问题、提出相应的治理措施具有一定的现实指导价值。故本书特别对上海市 P 区科技园区发展情况进行了评价，对科技园区地方协同发展影响因素进行了分析，在一定程度上更为全面地反映了 P 区科技园区的现实发展情况，为政府制定科技园区的发展规划和引导政策提供技术分析。在具体的实践应用中，本书的研究在以下几个方面具有指导和借鉴意义：一是有助于科技园区加强合作、优势互补，形成发展合力。目前我国科技园区的发展势头良好，同时一些问题也开始浮现，尤其是科技园区的发展各自为政，相互之间缺乏优势互补、协同合作的关联机制，难以形成发展合力。本书通过在生产网络基础上对区域范围内科技园区协同发展进行分析，试图寻找科技园区地方协同发展的规律，以形成科技园区之间多层次联动、多主体合作、多方面协同的系统发展态势，对于区域范围内科技园区之间实现系统联动、合作发展具有一定的指导意义。二是有助于高技术产业借助跨园区合作实现进一步发展。高技术产业越来越成为世界经济中的增长极，对于经济发展具有强大的带动作用。科技园区地方协同发展，为区域经济的进一步发展提供了条件和可能，为区域产业结构调整与升级提供了难得的机遇。本书通过对科技园区地方协同发展的探讨，分析了科技园区地方协同发展的企业协同模式和园区协同模式，对于高技术产业通过科技园区之间的协同作用来促进自身的发展进行了一定程度的探索，有助于高技术产业借助跨园区合作实现进一步发展。三是有助于政府对科技园区协同发展的规划布局和政策制定。研究表明，在一定区域范围内，通过规划优化科技园区的空间布局，通过政策法规合理组织五方面的影响因素，能够有效地促进区域内科技园区的协同发展。这有助于政府在一定的空间范围内对科技园区进行科学合理的整体规划、系统布局，对于政府形成和制定促进科技园区之间功能互补、产业互联、企业互动的产业扶持政策，从而促进科技园区在区域范围内的协同发展具有一定的借鉴价值。

第三节　科技园区地方协同发展的研究脉络

面对科技园区和生产网络发展的新态势，如何将生产网络理论和协同学理论引入对科技园区协同发展理论的研究，分析生产网络基础上的科技园区地方协同发展的内涵、机理和运作模式，并探索影响科技园区地方协同发展的诸多因素，是当前城市创新和区域经济研究的重要内容，也是本书研究的肇始。

科技园区的复杂特性、禀赋以及对经济社会发展的贡献度，决定了其在一定区域范围内协同发展的重要性。本书的研究主线主要围绕分析和解决以下几方面的问题而展开：一是科技园区与生产网络的关联是什么？在全球生产网络飞速发展的背景下，对科技园区与生产网络的关联性进行分析。对这个问题的研究，有助于科技园区利用生产网络汇聚生产要素、合理配置经济资源、加强跨园区的交流合作，将生产网络的发展优势转化为科技园区地方协同发展的竞争优势。二是科技园区怎样进行协同发展？通过对嵌入生产网络的科技园区的相互作用进行分析，研究科技园区地方协同发展的内涵、模式、机理和演化阶段。分析这个问题，可以让我们知道，一定范围内的科技园区之间只是简单无序的同业竞争，还是存在有序协同发展的模式。对这个问题的研究，有助于区域范围内科技园区形成协同发展的空间构架和有序合作的竞争态势，取得系统放大效应。三是科技园区地方协同发展的影响因素是什么？通过对科技园区地方协同发展中的"区域、园区、产业、企业和资源"五个影响因素的分析研究，建立结构方程分析各因素对科技园区地方协同发展的影响程度，确定各因素的贡献度。只有解决这个问题，才能知道在什么地方可以建立怎么样的科技园区，以及通过什么样的手段加强科技园区之间的协同作用效果。四是在实践应用中，政府应如何促进科技园区的协同发展？通过对前面三个问题的分析，根据科技园区地方协同发展的内在规律，研究政府如何对一定区域范围内的科技园区进行整体规划、系统布局，并提出相关政策建议，以实现区域范围内科技园区之间的系统联动、合作发展。解决这个问题，有助于为科技园区的发展提供有益的指导和帮助。

本书总体上采取理论分析与实证分析相结合的研究思路。理论研究方面，本书的研究将国内外生产网络理论和协同学理论引入科技园区地方协同发展原理的研究之中；对科技园区与生产网络的关联和科技园区地方协同发展的内涵进行了分析；探索了科技园区地方协同发展的理论框架；对科技园区地方协同发展的模式、机理、演化阶段、影响因素进行了分析；探讨了区域因素、园区因素、产业因素、企业因素和资源因素对科技园区地方协同发展的影响。实证探究方面，笔者以上海市 P 区为例，介绍了 P 区科技园区协同发展的演化阶段；在建立评价体系并对科技园区的发展进行评价的基础上，以生产网络为基础分析了 P 区科技园区协同发展情况；建立结构方程验证了五方面因素对 P 区科技园区协同发展的影响。最后，笔者对以上理论分析和实证探究的结论进行了逻辑梳理和归纳总结，并对未来的研究方向进行了展望。具体见图 1－1。

在资料的获取上，本书通过资料搜集、文献分析、归纳演绎等方法，对于科技园区和生产网络的相关理论进行了梳理，探求了两者相结合的途径。笔者选取了上海市 P 区的 13 个科技园区作为样本园区，在 2013 年 3 月至 2014 年 2 月期间通过实地走访、问卷调查、电话咨询等方式进行了实地调研（2014 年 1 月至 2 月主要对科技园区 2013 年度的部分数据进行更新）。第一步：实地走访科技园区 13 个，访谈单位包括各园区管理委员会、园区重点企业，以及上海市 P 区科学技术委员会、文化局和科技投资公司等单位，与相关人员进行实地访谈 45 次。第二步：在调查过程中，向每个科技园区的管理委员会发放调查问卷 1 份，共 13 份（详见附录一、附录二），回收问卷 13 份，回收率 100%。由于其中 3 个科技园区数据缺失较为严重，只得剔除，保留剩余 10 个科技园区作为此次研究的样本园区。第三步：向 10 个科技园区的企业共发放调查问卷 300 份（详见附录三、附录四），回收 219 份，回收率 73%；剔除无效问卷 54 份，剩余 165 份，有效率 55%。电话访谈 60 余次（详见附录五）。通过对调研资料的分析整理，获得了宝贵的第一手资料，为本书的理论分析和实证分析打下了较为扎实的基础。

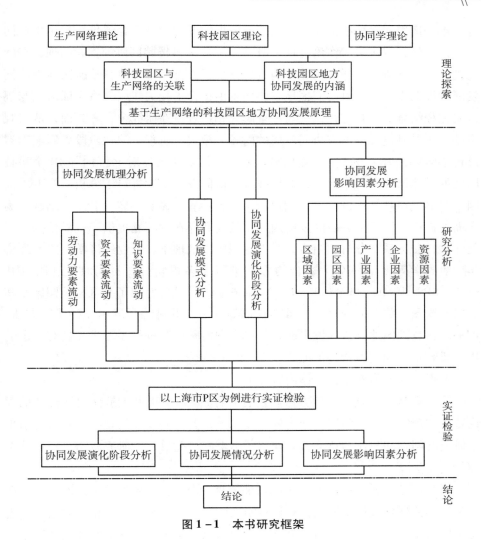

图 1-1　本书研究框架

在研究方法上，本书力求遵循"实践性、理论性、针对性、系统性、创新性、操作性"的原则，主要采取六个方面的研究方法：一是理论联系实践的唯物辩证法；二是定性和定量相结合的研究方法；三是涉及地理学、产业经济学、关系经济学、协同学等多学科研究方法；四是实地调查研究的方法；五是案例实证分析的方法；六是系统论的研究方法。笔者注重不同学科相关理论之间的交叉结合，综合运用多种理论研究科技园区地方协同发展的内涵、模式、演化阶段和影响因素，主要做到了三个结合：一是实证研究和规范研究相结合。本书运用层次分析法对科技园区的发展情况进行了综合评价，运用生产网络分析对科技园区协同作用进行了研究，对 P 区科技园区协同发展的现状和问题进行了实证研究，通过构建结构方程分析了五方面因素对科技园区地方协同发展的推动作用，对科技园区地方协同发展提出了相关建议，将实证研究与规范研究相结合。二是定性研究与定量研究相结合。在研究中，一方面，从宏观定性上，对科技园区地方协同发展的内涵、模式、机理、演化阶段和影响因素进行了研究；另一方面，从微观定量上，以最新的数据对 P 区内部 10 个科技园区的具体情况进行了评价，对科技园区协同发展情况进行了分析，对五方面因素对 P 区科技园区的推动作用进行了实证检验，做到了定性和定量结合，为全面把握科技园区地方协同发展的现实状况和存在的问题提供了可靠依据。三是多学科交叉系统分析相结合。本书运用经济地理学、产业经济学、关系经济学、协同学等多学科交叉融合的方法进行了多视角分析；同时，运用 AHP v7.5、SPSS 19.0、AMOS v17.0、Ucinet 6.212 等软件完成了 P 区科技园区空间布局的绘图、数据的处理、权重的获取等任务。通过综合运用多种研究方法，本书对科技园区地方协同发展的相关概念和实际情况进行了分析，具有一定的理论研究意义和实践指导价值。

本书一共分为八章，具体内容如下：

第一章是"科技园区地方协同发展的背景"。本章主要是介绍了写作的理论背景和现实背景，阐述了国内外科技园区及其协同发展的现状，并由此引出了研究的问题和写作的意义，并介绍了本书的研究目标、研究思路、资料获取和研究方法。

第二章是"科技园区地方协同发展的理论基础"。本章对科技园区、生产网络等相关概念进行了界定，对科技园区、生产网络和协同学相关理论文献进行了较为全面的梳理和介绍，为下一步的研究奠定了较为扎实的理论基础和科学依据。

第三章是"科技园区地方协同发展原理"。本章首先介绍了国内外科技园区的发展历程。接下来分析了科技园区与生产网络的关联。最后着重阐述了科技园区地方协同发展的原理：确定了科技园区地方协同发展的内涵，提出了科技园区地方协同发展的企业协同模式和园区协同模式，分析了科技园区进行地方协同发展的机理，明确了科技园区地方协同发展的三个阶段。

第四章是"科技园区地方协同发展的影响因素"。本章分析了区域因素、园区因素、产业因素、企业因素和资源因素五方面因素对科技园区地方协同发展的影响。

　　第五章是"上海市 P 区科技园区协同发展的演变过程"。本章对上海市 P 区科技园区协同发展三个阶段的演变情况进行了介绍，分析了三个阶段的驱动机理、协同模式和影响因素，指出了 P 区科技园区协同发展呈现从低级到高级、从简单到复杂、从单要素独立驱动到多要素混合驱动的演变规律。

　　第六章是"上海市 P 区科技园区协同发展现状分析"。本章以上海市 P 区为例，介绍了 P 区科技园区现阶段基本情况，建立了科技园区发展评价指标体系，对 P 区主要园区进行了发展情况评价，在生产网络基础上对 P 区科技园区协同发展情况进行了实证分析。

　　第七章是"上海市 P 区科技园区协同发展影响因素分析"。本章以上海市 P 区为例，构建结构方程对区域、园区、产业、企业和资源五方面因素对 P 区科技园区协同发展的影响进行了实证检验。结果证明：五方面因素对 P 区科技园区协同发展确实具有推动作用，但在影响程度方面存在差异。

　　第八章是"科技园区地方协同发展的理论构架和实践对策"。本章在前文理论分析和实证分析的基础上，对本书的研究结论进行了归纳总结，并以上海市 P 区为例，对地方政府规划布局、引导扶持区域范围内科技园区协同发展提出了政策建议。

第二章

科技园区地方协同发展的理论基础

本章拟对科技园区、生产网络、协同等相关概念进行界定，对科技园区、生产网络和协同学相关理论文献进行较为全面的梳理，为将生产网络理论和协同学理论引入科技园区"关系"研究，以及科技园区地方协同发展理论的提出提供参考依据和支撑基础。

第一节　科技园区及其理论基础

一、科技园区的内涵

科技园区发源于 20 世纪 50 年代的美国。经过 60 多年的发展，科技园区的内涵越来越丰富，演化出了高新产业开发区、高技术园区、经济技术开发区等诸多版本。由于在不同国家、不同区域科技园区具有不同的发展模式、发展阶段、发展历程和发展状况，对科技园区的内涵也有诸多不同的看法。目前，国内外学者对科技园区的内涵及特征主要有以下认识。

（一）科技园区是一种新的生产组织形式

科技园区是一种科技—产业综合性创新基地，以科技园区为载体，将企业、政府、科研机构、中介机构有机结合，进行技术创新、企业孵化、科技成果转化，加速推进产业规模化以提高科技成果转化速度，推动科技园区发展，同时对周边区域的经济发展起到带动作用①。

（二）科技园区以科技现实化为目的

科技园区的目的是将知识技术转化为现实的生产力，通过政府引导、产业集聚、科研投入等共同作用，进行知识创新、技术创新、技术转化，将智力资源与资本资源、人力资源相结合，创新出新的产品或服务。通过园区各要素协同作用，充分发挥园区的信息优势、规模优势和协同优势，迅速将科技产品规模化，以此形成高技术产业链、创新价值链，以园区为增长极带动区域经济健康发展②。

（三）科技园区以产业集聚为支撑

有学者从社会结构的演化出发进行研究，认为从 20 世纪 50 年代开始，随着高新科技的发展，高技术产业突破了以往产业结构的束缚，相互之间具有互补与协同效应的高技术企业逐渐聚集在一起形成高技术产业集群，高技术产业集群通过集聚效应吸引智力资源、中介机构、政府机构与之结合，形成了现有的科技园区③。可以说，科技园区产生的第一步就是产业集聚，没有企业间相互聚集所产生的化学反应，科技园区根本无法形成。即使在形成之后，科技园区依然以产业集群为基础，作为产业集群网络中的一个个"节点"，众多企业组成了科技园区的基本"骨架"。甚至可以说，在某种程度上，一个个科技园区就是一个个的产业集群。

（四）科技园区以智力集聚为动力

科技园区要实现技术成果商品化，离不开与高等院校、科研院所等进行知识创新、理论创新的专业机构合作。只有将科研机构的理论创新成果与企业的生产经营现实相结合，才能够产生 1 + 1 > 2 的合力，创新出新的产品和服务。在这之中，园区企业在一定程度上成为科研机构与高等院校的科技转化载体，即"实验基地"，而科研机构与高等院校则成为企业的创新载体，即"创新基地"，两者的结合产生了良好的化学反应，推动了科技成果的转化。

① 张利君. 科技园区系统协同机制研究 ［D］. 哈尔滨：哈尔滨工业大学，2011：23 - 24.

② 魏心镇，王缉慈. 新的产业空间——高科技产业开发区的发展与布局 ［M］. 北京：北京大学出版社，1993：58 - 71.

③ 吴林海. 中国科技园区域创新能力研究 ［D］. 南京：南京农业大学，2002：138 - 145.

同时，通过两者的结合，科技园区吸引了大量智力资源，在一定程度上成为智力聚集区①。

（五）科技园区以政府引导为依托

一是政府引导科技园区的发展方向。这一点在我国尤为明显。我国的科技园区大都是由政府设立，政府对科技园区的发展进行规划，确立科技园区的主导产业、重点项目、发展计划并根据实际情况进行调整。可以说，我国政府在相当大程度上影响着科技园区的发展方向。二是政府为科技园区提供并完善相应的基础设施。包括政府对科技园区进行选址、规划、建设，对园区周边公路、地铁、公交等交通设施进行完善，对园区信息网络进行完善，对园区生态环境进行改善优化等。政府通过这些"基础工作"，形成了符合科技园区发展的高质量的基础公共设施②。三是政府为科技园区提供诸多优惠政策。政府需要在行政、财政、税收、人才引进等方面提供优惠政策，才能在科技园区成立初期吸引大量企业入驻并进行扶持，以尽快形成产业集群，发挥科技园区"增长极"的带动效应。同时，为了鼓励科技创新，政府需要设立法律法规对知识产权及专利技术进行保护，打击假冒专利、盗版等侵犯知识产权的行为③。

（六）科技园区以园区内各要素的协调有序为关键

科技园区中，企业、政府、科研机构和中介机构等主体相互融合、相互补充、相互促进，通过协同作用将各自的优势相结合，发挥 $1+1>2$ 的效果，才能够推动科技园区健康发展。如果这些要素之间没有很好地进行协调，则会产生反效果，促使科技园区的无序化，导致科技园区的优势难以发挥④。

综合以上共识，本书对科技园区进行如下定义：科技园区是以产业聚集为支撑，以智力聚集为动力，以政府引导为依托，通过产、学、研、中介机构相互协调，发挥园区的信息优势、规模优势、创新优势，加速推进科技成果产品化、价值化，并以自身为"增长极"带动区域经济持续健康发展的科技—产业综合性创新基地。

---

① 吴季松. 21 世纪社会的新细胞——科技工业园 [M]. 上海，上海科技教育出版社，1995：38.
② 张新明. 国家级高新技术产业开发区发展要素分析及上海张江高新区实证研究 [D]. 上海：华东师范大学，2013：109 – 115.
③ 胡钢. 国外科技园区研究综述 [J]. 科技管理研究，2010（17）：42 – 46.
④ 张利君. 科技园区系统协同机制研究 [D]. 哈尔滨：哈尔滨工业大学，2011：24 – 30.

二、科技园区的类型

（一）科学园

科学园（Science Park）以大学和科研机构为核心进行发展，其位置大都处于高等院校和科研机构密集的地区，通过智力资源吸引企业入驻，入驻的企业通过资本和人力资源与智力资源相结合进行科技创新，将科技成果转化为价值成果。在科学园中，企业更多地作为大学和科研机构的"实验平台"，科技创新的关键在于科研机构和高等院校，一部分企业甚至邀请科研机构或高校教授以技术入股，共同经营。

（二）技术城

技术城（Technology City）一般建在具有一定工业基础、能够进行一定程度的科技研究的区域，在科技城中一般具有一个以上的规模较大的高技术企业，以这些企业为核心促进产业集聚。同时，这些企业一般具有较强的科技创新能力，通过与科研院所和中介机构的合作进行技术创新、服务创新。与科学园相比，技术城更加注重高技术产业的支撑体系，其创新成果更为贴近市场需求，具有较高的成果转化效率①。

（三）经济技术开发区

经济技术开发区（Technical Economic Development Area）是我国经济体制转型过程中出现的一种科技园区，它通过一系列优惠政策吸引外来资金技术，将之与本土的劳动力资源相结合进行发展。它更多地依靠外企带动发展，其产业模式更多地以制造业为主。与科学园和技术城不同，经济技术开发区更加注重通过园区的发展带动区域经济的发展。

（四）高技术产品加工区

高技术产品加工区（High – Tech Products Processing Zone）更侧重于高技术产品的生产，园区在科学研究和技术创新方面的投入较少，大部分资源投入

---

① 刘敬伟：我国科技园区的发展与创新［D］. 长春：吉林大学，2003：2 – 5.

在现有科技成果的转化上，利用现有的科学技术进行产品生产和销售，位于创新价值链的中下游区域。高技术产品加工区的意义在于充当科技创新成果与市场需求之间的桥梁，通过产品的制造、加工、销售推动科技成果产业化、价值化。同时，由于其定位的特殊性，所选取的地址必须既具有一定的工业基础，又具有一定的消费市场。

（五）企业孵化器

企业孵化器（Business Incubator）又称为高新技术创业服务中心，是一种专门为规模较小的高新技术企业提供优惠政策、金融服务、法律咨询，为企业降低风险，提高企业的存活率和成功率的经济组织。企业孵化器侧重于企业培养，对科技成果产业化、规模化效率的要求相对较低。同时，企业孵化器占地面积较小，园区内企业规模较小，园区管理人员和服务人员相对较多。

（六）高技术产业带

高技术产业带（High – Tech Industrial Belt）是高技术产业集群与科研机构自发结合所形成的没有明显边界的科技创新区域。高技术产业带往往具有理论研究、技术创新、产品研发、生产制造、经营服务等多方面功能，涵盖创新价值链的多个环节。它可以由几个科技园区协同作用而组成，也可以由一个科技园区与其附近的产业集群、科研机构、服务机构协同作用而组成，还可以由几个功能互补的大企业所聚集的产业集群相互作用而组成。由于其规模较大，涵盖范围较广，一般没有明确的边界，往往呈现出由内向外联系紧密度逐级降低的形态。

（七）创意产业园区

创意产业园区（Creative Industrial Park）是一种特殊的科技园区模式，它以文化创意产业为主导产业，通过构筑、完善创意产业链，发挥创意产业集群的规模效应和集聚效应，推进创意成果产业化、价值化。拉什和尤里（Lash and Urry，1994）认为，文化产业具有创新性和创造性，是信息和知识经济的前沿①。斯科特（Scott，1997）认为，创意产业是当代经济增长的重要部门，

---

① Lash S. , Urry J. 1994. Economies of Signs and Space：After Organized Capitalism. London：Sage.

是"新经济"的组成部分，具有特殊的生产关系和分布形式①。鉴于文化产业所具有的"创新"特性，本书将其归入高技术产业之中，也将创意产业园区视为科技园区的一种特殊形式。同时，由于创意产业的特殊性，创意产业园区在规模、基础设施建设、发展理念、成果转化等方面与传统科技园区有着诸多不同。

三、科技园区研究综述

（一）国外文献研究

通过 Science Direct 等国外数据库对与科技园区发展相关的文献进行检索，发现对于单个园区发展机制、模式、程度的分析，对不同空间范畴的科技园区之间分工合作和联系的分析，以及对不同科技园区的特性进行比较分析等方面的研究较多，而对于区域范围内多个科技园区与生产网络的结合研究相对较少。安娜·李（Anna Lee，1994）研究发现，硅谷和 128 公路高技术产业带地区具有相近的开发技术，但是前者发展趋势良好，而后者却逐渐衰落，她认为这种情况的出现是制度环境和文化背景的不同导致的②。Kan－Ichiro 等（2002）研究发现，硅谷和日本在企业家精神（entrepreneurship）方面存在重大差别，硅谷的企业家精神强调个人隐私，比如个人成就和个人财富积累，而日本的企业家精神是以社会为中心，强调社会认知③。汉森（Hansson，2005）对美国和丹麦的科技园区发展情况进行了研究，指出科技园区应定位于加强内部网络之间的互动，促进企业家精神在园区内部的形成和发展④。弗朗西斯（Francis，2005）对科技园区的发展机制、技术能力的水平和对国内及全球市场的整合能力三方面进行了研究，结果表明政府对基础设施的提供、集聚效应

①　Scott A. J. , 2006, The cultural economy of cities. International Journal of Urban And Regional Research, 21（2）: 323－339.

②　AnnaLee, S. , 1994, "Regional Advantage: Culture and Competition in Silicon Valley and Route 128", Harvard University Press.

③　Kan－Ichiro, S. , Sang－Hoon, K. and Zong－Tae, Bae, 2002, "Entrepreneurship in Japan and Silicon Valley: A Comparative Study", Technovation.

④　Hansson F. , Husted K. , Vestergaard J. Second generation science parks: from structural holes jockeys to social capital catalysts of the knowledge society. Technovation, 2005, 25（9）: 1039－1049.

以及通过创新进行不断的自我更新是科技园区发展的主要动力①。Ling – Chun Hung 和 Yu – Shan Su（2008）基于集群演化视角，以美国旧金山湾区和中国张江科技园区分别为自发型和政府主导型生物技术产业集群的代表，比较了两类产业集群的演进发展。结果表明，人力资源和资金募集能力是两类产业集群成功的关键，但在企业家精神、社会资本和网络连接模式方面两类集群有着根本性不同②。拉廷霍和亨里克斯（Tiago Ratinho and Elsa Henriques，2010）用案例研究的方法分析了葡萄牙科技园区和企业孵化器在促进经济增长方面的作用，并研究了葡萄牙园和企业孵化器的成功因素。研究初步表明，科技园区和企业孵化器对经济增长的贡献微弱，与大学的联系和适应性管理对科技园区的成功至关重要③。

（二）国内文献研究

伴随着改革开放，我国高新科技园区开始在北京、上海、广东等地设立，自此拉开了我国科技园区建设的序幕。我国科技园区的快速发展，尤其是近年来科技园区的蓬勃发展，引起了国内学术界对科技园区发展多方位、多角度的探讨和研究。国内对于科技园区的发展模式、影响因素、选址的研究相对较多，而对于将区域范围内多个科技园区与生产网络相结合的研究相对较少，较相近的研究方向主要集中在以下三个方面：

1. 科技园区之间的对比研究

科技园区之间的对比研究相对较多。中关村科技园区管委会与长春企业战略研究所（2005）从经济规模、产业发展、企业活力等 10 个方面进行了基准和比较研究，将中关村与世界一流园区的运营模式和发展指标进行了比较分析④。李小芬等（2010）从社会网络的角度对比了"自发形成型"科技园区硅谷与"强政府推动"形成的新加坡玮壹科技园，她发现两者都是通过信任管理与提供便利的方式，促进隐性知识的传播，从而提高园区的创造氛围。但是，两个园区的表现形式存在差异，前者要求由政府建立某种机制以捕捉园区

---

① Francis C. C. K. , Winston T. H. K. , Feichin T. T. An analytical framework for science parks and technology districts with an application to Singapore. Journal of Business Venturing, 2005, 20 (2): 217 – 239.

② Yu – Shan Su, Ling – Chun Hung. Spontaneous vs. policy – driven: The origin and evolution of the biotechnology cluster [J]. Technological Forecasting and Social Change, 2009, 76 (5): 608 – 619.

③ Ratinho T. , Henriques E. Technovation 2010, Volume 30, Issue 4, April 2010, Pages 278 – 290.

④ 中关村科技园区管委会，长城企业战略研究所. 中关村与世界一流园区基准和目标比较研究 [R]. 2005.

的创造思维，后者需要引导产业流和知识流的对接，其中风险投资承担了捕捉创造灵感的职能①。汤汇浩（2011）对上海张江高科技园区与美国硅谷高科技园区进行了研究，从人才队伍、教育培训、组织网络、体制制度、风险投资和区域文化六方面进行了系统的比较分析②。丁明磊等（2011）通过对台湾地区新竹科学工业园与内湖科技园区发展模式的比较分析，探讨了两类科技园区发展模式成功的关键因素与发展过程中的政府与市场作用机制，认为科技园区发展的关键是创新网络的本地化过程和开放型区域创新网络的建设，以及正确处理政府与市场两种力量在园区发展过程中的作用，调整园区发展定位③。

2. 科技园区之间协同发展的研究

对于科技园区之间协同发展的研究相对较少。陈雅兰和雷德森（1999）对比研究了大陆东南沿海高科技园区与台湾高科技园区，发现大陆园区宜利用与台湾园区在电子信息业发展上明显的比较优势，借助台湾地区的资金、信息及国际市场的辅佐，以园中园的方式建立海峡两岸协同发展园区④。庄裕美（2000）通过对两岸关系中现实数据和事实的研究，分析了两岸科技园区高技术产业协调发展的可行性。他认为，两岸科技园区通过显著的产业优势进行协同发展，既有利于两岸经济与科技的快速发展，又有利于通过经济上的协同加快两岸统一的进程⑤。张云伟（2013）以上海张江高科技园区和台湾新竹科学工业园区的集成电路产业集群为例，对跨界产业集群合作网络的前提条件、合作机理、影响因素和演化阶段进行了阐述。张云伟认为，在具备了相似的产业基础、大量的 FDI、技术势差等前提条件之后，不同科技园区的产业集群可以通过跨界合作更高效地整合创新资源，促进产业集群之间的分工合作，推动经济整体创新发展⑥。

---

① 李小芬，王胜光，冯海红. 第三代科技园区及意外发现管理研究——基于硅谷和玮壹科技园的比较分析 [J]. 中国科技论坛，2010（9）：154 – 160.

② 汤汇浩. 高科技园区综合发展要素及其作用实证分析——以张江高科技园区与美国硅谷的比较研究为例 [J]. 中国科技论坛，2011（6）：87 – 93.

③ 丁明磊，刘秉镰，庞瑞芝. 台湾新竹与内湖科技园区发展模式比较研究及经验借鉴——基于区域创新网络视角 [J]. 中国科技论坛，2011（5）：91 – 96.

④ 陈雅兰，雷德森. 海峡两岸高科技园区协同发展的前景与对策 [J]. 中国软科学，1999（3）：42 – 49.

⑤ 庄裕美. 海峡两岸科技园区协同发展的可行性研究 [J]. 福州大学学报（哲学社会科学版），2000（4）：57 – 60.

⑥ 张云伟. 跨界产业集群之间合作网络研究 [D]. 上海：华东师范大学，2013.

3. 生产网络与科技园区发展

基于生产网络对科技园区发展进行研究的文献相对较少。龙志和、吴梅（2004）利用结构方程，从广州高新科技园区企业集群角度，审视了科技园区的发展，从规模经济性、创新文化环境与政府作用三方面进行了研究，得出了广州高新科技园区专业化分工生产网络程度不高的结论①。解鸿年（2008）在《科技园区与区域发展——以台湾新竹为例》一文中提到了生产网络与科技园区发展，但论文中仅利用多元回归分析对新竹地区集成电路产业地方生产网络进行了研究②，并未对生产网络与科技园区之间的相互作用进行深入分析。

四、科技园区发展相关理论

（一）产业集聚理论

产业集聚是指具有相关性的企业在一定地理空间上集中，通过相互之间在资源流动、信息沟通、人才交流等方面的便利，促进产业的整体发展。英国经济学家阿尔弗雷德·马歇尔（Alfred Marshall）最早发现了产业聚集现象，随后，德国经济学家阿尔弗雷德·韦伯（Alfred Weber）和美国经济学家迈克尔·波特（Michael Porter）等人对产业集聚现象进行了深入研究。1990 年，波特首先提出了产业集聚的概念，并对产业集聚理论进行了进一步发展。目前，根据研究角度的不同，产业集聚理论可以分为三种：马歇尔的外部经济理论、韦伯的产业区位理论和波特的新竞争优势理论。

1. 外部经济理论

阿尔弗雷德·马歇尔在 1890 年的《经济学原理》一书中，首先发现了产业集聚现象，他使用了"产业区"一词对此进行了说明。马歇尔提出了外部经济（External Economies）的概念，所谓外部经济，是指由于企业外部因素如区位因素、交通运输因素、市场因素、相关企业因素等所引起的生产成本降低和收益增加的现象。马歇尔认为外部经济是产业聚集的原动力。

马歇尔认为产业集聚有以下优点：一是产业集聚可以引起进一步的产业分工，随之而来的就是更加专业化的产品和服务；二是产业集聚可以吸引具有同

---

① 龙志和，吴梅. 广州科技企业集群发展研究 [J]. 科学与科学技术管理，2004（5）：88 – 90.
② 解鸿年. 科技园区与区域发展——以台湾新竹为例 [D]. 上海：同济大学，2008.

样特性的劳动力资源，而且这些资源往往与产业中大部分企业具有相当高的匹配度，这样就保证了企业具有充裕的劳动力资源；三是产业集聚可以通过扩散效应实现区域技术与信息共享，促进区域创新能力的提高；四是具有关联性的企业位于同一区域，可以在一定程度上完善该区域的产业结构，促进区域经济健康发展；五是产业聚集地具有先天性的商品优势，往往也是商品聚集地，可以吸引大量顾客和潜在客户，既有利于企业下游销售环节的发展，又给顾客带来了便利①。

马歇尔指出，在空间上所聚集的能够产生协同效应的企业越多，规模经济效应就越明显。企业的生产成本会进一步降低，信息、技术、人力资源的共享优势会逐渐积累，区域创新能级与周围区域的差距会进一步加大，因此空间内企业的发展速度会远远高于周围区域的企业，空间整体的竞争力会进一步增强。以此为基础，马歇尔进一步提出了工业区（Industrial Districts）的概念和工业区理论。

马歇尔产业区理论的缺陷在于：一是仅仅从理论上对产业聚集予以说明，缺少严格的数理证明；二是过于注重外部经济效应，在一定程度上忽视了交易成本（包括资金成本、时间成本和精力消耗）对产业聚集的影响；三是主要解释了同一产业的企业聚集，对于不同产业的企业聚集不能进行很好的解释；四是强调了产业聚集对企业的正外部性，忽视了负外部性的影响，特别是同一产业的企业聚集容易产生的同质化和恶性竞争所造成的负面影响。

2. 产业区位理论

阿尔弗雷德·韦伯在 1909 年的《工业区位论》一书中，从工业区位的角度对产业集聚现象进行了分析，这也标志着产业区位理论的基本成熟。韦伯认为，影响工业区位的因素有两类：一类是影响工业在不同地理空间上进行分布的区域因素；另一类是影响工业在某一区域内集中的聚集因素。

韦伯认为，区位因素主要包括交通运输的便利性和生产资源的廉价性，这是产业聚集能否实现的重要条件。产业聚集形成以后，一方面可以通过企业规模发展壮大带来产品生产成本下降和企业利润增加；另一方面可以通过在生产上存在密切联系的企业之间交流合作带来比企业分散分布更大的效益。韦伯强调产业聚集的自发性，认为产业聚集对企业的效益具有正面作用。

韦伯的产业区理论忽视了制度和文化对产业聚集的影响，缺少对企业与聚

① 周泓. 基于产业聚集理论的天津工业产业布局研究［D］. 天津：天津大学，2006：9.

集地的社会文化之间的相互作用，以及企业地方嵌入性等方面的研究。同时，韦伯忽视了政府因素在产业聚集过程中的作用，而这一因素对于发展中国家的产业聚集有着重要影响。

3. 新竞争优势理论

迈克尔·波特在1990年发表的《国家竞争优势》一书中，首先提出了产业集聚的概念，将其引入对区域经济和国家战略发展的研究。波特根据集聚产业内部关联情况将企业分为供应商、生产制造厂商、经销商、金融投资机构和法律咨询机构、中介机构等部门，大学、科研机构和政府部门等非营利性机构也属于集聚对象①。

波特认为，产业在地理空间上的集聚有利于提高产业竞争力和国家竞争力。产业集群具有三方面的特征：一是集群内企业和机构之间可以通过产业链关系等进行沟通合作、优势互补；二是集群内企业由于在研发、生产、销售等环节具有相似性和关联性，相互之间存在激烈的竞争；三是集群内企业分布在产业链的不同环节，相互之间进行分工合作，企业的专业化程度很高。

波特认为产业集群具有三方面的竞争优势：一是通过企业之间的相互作用使得整体效益大于单个企业的利益之和；二是集群内企业之间的信息交流传播有利于企业对先进科技和先进理念的掌握和吸收，有助于提高企业的创新能力；三是产业集群一旦形成，就具有发展扩大的自发性，通过集群本身的发展壮大来提高竞争优势②。

波特对于产业集聚研究更多的是从竞争力方面出发，以案例为主要分析工具，缺少严格的数理推导。

（二）创新理论

约瑟夫·熊彼特（Joseph Schumpeter）在1912年的《经济发展理论》一书中首次提出了"创新"这一概念，认为创新是"将生产要素和生产方法的新的结合方式引入生产体系"。随后他又通过《经济周期》和《资本主义、社会主义和民主》两本著作进行阐述，形成了完整的"创新理论"体系③。

---

① 魏守华. 集群竞争力的动力机制以及实证分析 [J]. 中国工业经济, 2002 (10)：27-34.
② [美] 迈克尔·波特. 国家竞争优势 [M]. 李明轩, 邱如美译. 北京：华夏出版社, 2002.
③ 丁焕峰. 区域创新理论的形成与发展 [J]. 科技管理研究, 2007 (9)：18-21.

　　熊彼特认为创新是一个非均衡的过程。他将经济体系分为两种类型：一种是经济循环类型，经济资源在体系中循环流转，没有产生突破性的变化，整个体系始终处于均衡状态；另一种是经济发展类型，经济资源在整个体系中的流转渠道和流转状态不断发生变化，新的变化不断对旧有的均衡状态进行改变，属于非均衡状态。熊彼特认为在没有创新的情况下，经济体系中只有资源的流转，经济增长仅由资本数量和人口数量的增长所推动，并没有产生质的飞越；只有当经济体系中有创新存在时，经济才能够产生突破性的进展，即经济发展，创新是经济发展的必要条件。

　　熊彼特认为经济发展与创新属于同一层次的概念，他将发展定义为"执行新的组合"。具体包括五种方式：研发新的产品、改进新的生产工艺、开辟新的市场、获得新的原料来源、形成新的生产组织。

　　熊彼特认为企业家是创新的主体，强调企业家精神对创新和经济发展的推动作用。他将企业家精神定义为五方面的内涵：创优争先的精神、对成功的渴望、艰苦奋斗的精神、智慧、事业心。他认为企业家是一种状态而不是一种职业，只有具有了以上五方面内涵的人才能成为"企业家"。他强调企业家精神是创新的动力，对于创新的实现具有重要的影响。

　　在熊彼特提出创新理论之后，许多学者对此进行了诸多研究，丰富了创新理论研究体系。目前，创新理论有两个主要分支。一是技术创新理论，以爱德温·曼斯菲尔德（Edwin Mansfield）、罗伯特·索洛（Robert Merton Solow）和克里斯托夫·弗里曼（Christophe Freeman）等为代表，强调技术的变革、演进对经济发展的影响。二是制度创新理论，以道格拉斯·诺斯（Douglass C. North）和兰斯·戴维斯（Lance Davis）等为代表，强调体制机制和生产方式的变化对经济发展的影响。

1. 技术创新理论

　　技术创新理论强调技术变革和改进对经济发展的影响，注重对技术创新对经济发展的影响机制、企业技术创新动力机制、创新的区域性和系统性等方面的研究。技术创新理论有四个分支，分别是：技术创新的新古典学派、技术创新的新熊彼特学派、国家创新系统学派和区域创新系统学派。

　　技术创新的新古典学派以罗伯特·索洛等人为代表。该学派强调技术创新对经济增长和劳动生产率提高的贡献度，同时认为技术创新具有一般商品的特性，鼓励政府对技术创新的干预，当市场机制不能够对技术创新产生促进作用时，政府应该采取金融、法律手段进行干预或进行间接的宏观调控，以促进技术创新的发展①。

技术创新的新熊彼特学派以爱德温·曼斯菲尔德和南希·施瓦茨（Nancy Schwartz）等人为代表。该学派将技术创新作为一个相互作用的复杂过程，注重研究技术创新与市场之间的关系，对技术创新的动因和动力机制进行了理论解释，对技术创新的扩散过程进行了分析，提出了创新扩散理论、路径依赖理论、新技术推广模式等理论模型。

国家创新系统理论学派以弗里曼和理查德·纳尔逊（Richard Nelson）等人为代表。该学派强调技术创新的系统性，认为国家范围内的技术创新主要在由企业、科研机构、高等院校、政府等创新主体所形成的自组织系统——国家创新系统中进行，注重对系统中创新主体、组织结构、运行机制等方面的研究。该学派认为企业是创新的重要推动力量，但技术创新是通过国家创新系统来完成的，而不是由单个的企业独立完成。该学派强调国家在技术创新中的重要作用，鼓励国家建立并完善创新机制、引导和促进技术创新的进行②。

区域创新系统学派是国家创新系统学派的延续和拓展，该学派以菲利普·库克（Philip Cooke）等人为代表。库克在 1996 年出版的《区域创新系统：全球化背景下区域政府管理的作用》一书中首先提出了区域创新系统的概念，将创新系统定义为一定地理空间上的企业、科研机构、高等院校和政府等创新主体形成的以科技创新为目的组织体系③。该学派强调政府、企业和科研机构共同组成了科技创新的基础，认为区域创新系统具有以下内涵：具有一定的空间载体；以企业、高校、研发机构、中介机构和地方政府为创新主体；创新主体之间通过分工合作进行科技创新；组织方式和创新机制对科技创新具有重要影响。

2. 制度创新理论

诺斯和戴维斯在 1971 年出版的《制度变迁与美国经济增长》一书中首次对制度创新理论进行了系统的阐述，认为科技创新对经济发展具有推动作用，但更关键的在于创造出适于科技创新和经济发展的制度，强调制度创新的核心

---

① 彭靖里，邓艺，李建平. 国内外技术创新理论研究的进展及其发展趋势 [J]. 科技与经济，2006（4）：13–16.

② 张磊. 西方技术创新理论的产生和发展综述 [J]. 科技与经济，2008（2）：56–58.

③ Philip Cooke. Regional innovation systems: competitive regulation in the new Europe [J]. Geoforum, 1992, 23（3）: 365–382.

地位。

制度创新是指创新者为获得创新收益而对现有体制机制、组织结构、生产方式等进行改变和革新的过程。当风险、交易费用、外部性等因素使现有制度下的创新主体难以获得创新收益时，就存在制度创新的可能性；当制度变革的成本小于变革后创新主体所获得的收益时，制度创新就会发生。制度创新可以通过企业和机构等市场创新主体的合作来实现，也可以通过政府自上而下的改革来实现。

制度创新本质上是利益再分配的过程。在制度创新之前，具有较强创新能力和较高创新意愿的主体获得的收益与其他主体没有明显差距；在制度创新之后，具有较强创新能力和较高创新意愿的主体获得了大量收益，而缺乏创新能力和创新意愿的主体所获得的收益减少。这种利益分配的改变，促进了科技创新的发展和国家竞争力的提高。

制度创新存在时滞，具体包括以下几方面：一是认知时滞，即从存在制度创新的可能性到认识到这种可能性之间的时间；二是组织时滞，即从认识到制度创新的可能性到开始组织制度变革团队之间的时间；三是设计时滞，即从组织制度变革团队到设计制度变革方案之间的时间；四是选择时滞，即从设计制度变革方案到确定制度变革方案之间的时间；五是行动时滞，即从确定制度变革方案到具体实施过程之间的时滞。正是因为时滞的存在，制度创新具有不确定性。

制度创新理论关注制度创新的演进过程、影响因素以及制度创新与技术创新的区别和联系等方面，通过多角度的研究丰富了创新理论的研究成果。但是在制度创新的行动模型方面缺乏强有力的成果，对于制度创新和技术创新相结合的研究也较少。

（三）多元发展理论

1. 三元参与理论

1993 年 6 月，在国际科学工业园协会第 9 届世界大会上，三元参与理论被首次提出，其中三元指的是政府、企业、大学三个方面。该理论认为：科技产业是建立在大量的研发活动基础之上的，是资金、科技和人才等因素高度集中的，与经济活动高度一体化的新兴产业。三元参与合作模式已成为各国优化科技资源配置、促进相关成果转化的重要方式。园区为政府、企业及高校三元结合提供了产销一体的载体。在园区中，高校通过与企业的合作，实现了科研成果的产业化，并得到了应有的交易回报，为办学和科研补充了经费，与此同时借助高新技术企业培养出了相应的人才；在企业与高校结合的过程中，企业获得了高素质的人才资源和先进的技术，提高了商品的核心竞争力，不仅获得了超额利润，而且扩大了生产规模；而政府通过直接参与或支持建立高新技术产业园，为科技界和高校同企业的合作营造了一个良好的环境，并通过制定完善法律法规，有效地促进了创新要素的优化配置，取得了就业人数增加、区域经济社会发展、综合实力增强的效果。依据三元理论的描述，我们绘出了该理论的框架图（见图 2 - 1）。

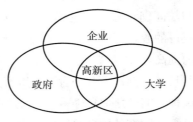

图 2 - 1　三元理论框架

资料来源：张新明，2013：38。

2. 五元驱动理论

2001 年，中国科技金融促进会风险投资专业委员会副主任、陕西省人民政府副省长景俊海提出了五元驱动理论。景俊海认为，高新区发展由政府、企业、大学、孵化器、风险投资五个方面驱动[①]。该理论认为，政府的作用是为园区发展营造宽松的创业环境、优惠的政策环境、健全的法律体系环境，完善基础设施的建设，积极引导要素的聚集。企业是科技创新的主体，处于园区发展的核心地位；高新企业要对商品市场有敏锐的洞察力，能看清市场高科技发展趋势，强化与大学的联系，有效促进市场需求和企业商品的结合，推动高技术商品的产业化，进而实现国际化。大学承担科技创新职能，能够为临近的园区提供科技创新成果，为企业培养高素质人才。孵化器是为园区初创企业提供培育服务的组织。风险投资承担为园区企业发展提供资金的任务；初创阶段的企业，一般风险较高，投资需求较大，风险投资尤为重要。五元驱动理论所强

---

① 景俊海. 风险投资与科技工业园发展 ［J］. 科学投资，2001（5）：68 - 69.

调的是这五个要素之间的相互影响（见图 2 - 2）。

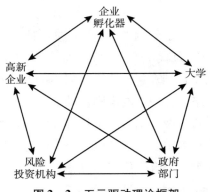

图 2 - 2　五元驱动理论框架

资料来源：景俊海，2001.5：68 - 69。

由三元理论发展到五元驱动理论的多元理论，增加了两个要素，即企业孵化器和风险投资。这两个要素的增加对高新技术产业发展进行了有益的补充，使多元理论呈现出了开放、演进的状态。但无论是三元驱动理论还是五元驱动理论，都没有提及市场这一对资源配置起决定作用的因素对科技园区或高技术产业发展的影响，也没有对各影响因素之间的相互作用进行深入分析，这是该理论的不足之处（张新明，2013）。

第二节　生产网络及其理论基础

一、生产网络的内涵

在对迈克尔·波特价值链理论进行研究的基础上，伯鲁斯（Borrus）于1997 年提出了"生产网络"的概念。伯鲁斯认为，生产网络是一种跨越国界的企业生产联系，这种生产联系包含了价值链的全部环节，如研发创新、生产制造、分配服务等。这种生产联系受到企业所在的国家和地区制度与文化的影响，也受到生产联系所带来的文化、信息、知识等因素相互交流碰撞所形成的新的平衡状态的影响①。

（一）全球生产网络

在对价值链理论和"生产网络"概念进行研究的基础上，以汉德森（Henderson，2002）等人为代表的曼彻斯特学派和夏威夷大学的恩斯特（Ernst，2002）相继提出了全球生产网络（Global Production Networks，GPNs）理论，认为全球生产网络是在一定的准则基础上，通过网络主体在不同层级上生产关系的相互作用，对全球范围内的价值链进行整合的一种组织模式。从实际组成来看，全球生产网络主要是指以跨国公司作为领导厂商，与全球范围独立供应商、承包商、经销商和合作伙伴通过分工合作而形成的相互之间高度的生产依赖关系（Ernst and Kim，2002）。

总体上看，全球生产网络具有以下内涵：一是从地理空间上看，全球生产网络涉及不同网络主体全球范围内的空间分布，以及基于主体空间分布所形成的独特的网络关系；二是从价值联系上看，全球生产网络涉及价值链的各个环节，以及各个环节之间基于产品价值增值的联系；三是从网络特性上看，全球生产网络涉及网络内部以产品流动为基础的资金、人力、信息、知识等经济资源的流动，以及在资源流动过程中网络主体所形成的特殊的生产关系。

（二）地方生产网络

1997 年，哈特（Hart）和希米（Simmie）首次提出了"地方生产网络范式"（LPN paradigm）的概念，并将生产网络定义为"地方企业与地方生产要素之间的合作连接"（马海涛，2009）。

迪米特里亚迪斯和科赫（Dimitriadis and Koh，2005）将地方生产网络中的企业主体划分为领导厂商（Leader Firms）、主要生产体（Primary Production Units）、次要生产体（Secondary Production Units）和自由生产体（Autonomous Production Units）四种类型。其中：领导厂商是地方生产网络中的主要控制者；主要生产体是领导厂商的主要供应商；次要生产体负责承担主要生产体的外包（Outsourcing）业务；自由生产体仅为本地需求进行生产，但位于生产网

---

① Borrus Michael. Left for dead： Asian production networks and the revival of U. S. electronics： Barry Naughton，ed. ，The China Circle： Economics and Electronics in the PRC，Taiwan，and Hong Kong ［M］. Washington，D. C. ： Brookings Institution Press，1997.

络中并受到生产网络的影响①。

马海涛（2009）对西方经济学界在地方生产网络方面的研究进行了较为详细的梳理，将地方生产网络的内涵界定为五个方面：一是地方生产网络具有模糊边界性；二是地方生产网络由以某类特定产品为中心的多个小型地方生产网络和单体企业相互联系而构成，是地方生产系统的重要组成部分；三是地方生产网络是全球生产网络的地方镶嵌；四是地方生产网络与地方文化、社会背景有着强烈的依存关系；五是地方生产网络既不等于网络主体企业的特性综合，也不等于"集群"和"系统"②。

二、生产网络研究综述

（一）全球生产网络研究综述

对全球生产网络的研究可以追溯到美国经济学家迈克尔·波特 1985 年在其《竞争优势》一书中所提出的价值链理论。美国社会学教授格里芬（Gereffi）在对美国零售业价值链研究的基础上，于 1994 年提出了全球商品链理论（GCC，Global Commodity Chain）（Gereffi et al.，1994）。格里芬强调 GCC 有四个部分必须加以注意：投入产出结构（Input – Output）、领域性、治理结构和制度厚度。他提出了全球商品链的两种类型：生产者驱动商品链（Producer – driven Chain）和购买者驱动商品链（Buyer – driven Chain）。前者在于大型制造商对于整个生产环节的分包和整合，体现了对于生产环节的掌控和全球范围生产资源的配置；后者在于大型经销商对于市场流通和消费网络的整合，体现了设计研发和销售渠道的优势（徐海英等，2011：106）。

伯鲁斯（Borrus，1997）率先提出了生产网络的概念，认为生产网络是一种跨越国界的企业生产联系，这种生产联系包含了价值链的全部环节，如研发创新、生产制造、分配服务等③。恩斯特（Ernst）和以迪肯（Peter Dieken）为代表的"曼彻斯特学派"（Henderson et al.，2002；Coe et al.，2004；Hess

---

①　Dimitriadis N. I.，Koh S. C. L. Information flow and supply chain management in local production networks：the role of people and information systems [J]. Production Planning & Control，2005，16（6）：545 – 554.

②　马海涛. 西方"地方生产网络"相关研究综述 [J]. 世界地理研究，2009，18（2）：46 – 55.

③　张正博. 全球生产网络理论发展过程与发展态势分析 [J]. 经济研究导刊，2010（30）：5 – 6.

and Yeung, 2006）分别在各自研究的基础上提出了不同的全球生产网络研究范式（GPN）。恩斯特的全球生产网络理论强调跨国公司的核心地位，其余网络主体围绕跨国公司形成紧密的网络联系，跨国公司作为领导公司对生产网络进行掌控和协调。恩斯特将这样的跨国公司称为"旗舰企业"（Flagships）（赵建吉，2011：45）。"曼彻斯特学派"强调价值创造、权力相互作用和地域嵌入性三个维度在全球生产网络中的重要意义，其理论框架综合性更高，具有更强的解释力（Coe et al. , 2004；Hess and Yeung, 2006）。

（二）地方生产网络研究综述

1997 年，哈特和希米在研究空间的创新性时，通过对"弹性专业化"、"新产业空间"和"创新环境"等产业聚集相关理论进行综合，提出了"地方生产网络范式"的概念。1999 年，哈特和希米对地方生产网络进行了定义，认为其表示"地方企业与地方生产要素之间的合作连接"（马海涛，2009）。

部分学者对地方生产网络的组织结构、空间形态等方面进行了研究。迪米特里亚迪斯和科赫（Dimitriadis and Koh, 2005）对地方生产网络中的企业主体进行了划分，同时对地方生产网络与外界的物质和信息交换进行了分析。特尔·沃尔（Ter Wal, 2008）强调了外地行动者在地方生产网络中的作用，并据此将网络关系分为地方内部联系和地方与外部联系两方面。特尔·沃尔以法国索菲亚—安提波利斯市（Sophia – Antipolis）信息技术行业和生命科学行业的发明家之间的联系为例对两方面网络关系进行了实证分析。研究表明，地方内部联系和地方与外部联系并不总是同步增长，在某些情况下两者的增强情况成反比。He Shaowei（2008）将社会学中网络的概念引入对地方生产网络的分析，根据网络主体之间联系的紧密程度将地方生产网络划分为不同类型，并对各类生产网络中联系频繁程度、联系途径、信息传播方式和效率进行了研究（转引自马海涛，2012）。

还有部分学者对地方生产网络与全球生产网络之间的联系和差异进行了研究。徐丽斯（Lai Si Tsui – Auch, 1999）认为，地方生产网络与全球生产网络的驱动力存在差异，全球生产网络由经济全球化的力量驱动，地方生产网络的驱动力更多地来源于企业所受到的地方社会文化和制度的影响。景秀艳、曾刚（2007）认为跨国公司的全球扩张促进了不同区域地方生产网络与全球生产网络的联系，地方生产网络通过跨国公司的外包行为和在地方的分支机构嵌入全球生产网络的治理当中。比杨德（Weller S. Beyond, 2008）认为有的地方生产网络是全球生产网络在与区域特性相互作用过程中被"黏住"而形成的。杨（Yeung，2008）通过对东亚地区生产网络的研究，认为全球生产网络对于东亚地区经济发展的贡献度有限，而地方生产网络对于本地经济的发展起着相当重要的作用。

三、生产网络理论

（一）全球生产网络相关理论

1. 全球商品链理论

全球商品链（Global Commodity Chains，GCC）是格里芬（Gereffi，1994）提出的一种在全球视角下对生产、贸易、销售的动态演变和产业转移进行分析的理论。格里芬（1994：2）认为，全球商品链是指通过某一种商品的原材料供给、劳动力资源、物流输送、市场销售以及企业联合等节点动态作用而形成的网络。通过这种网络，全球范围内的供应商、生产者、消费者等多种经济体相互联系起来。这种网络具有地方嵌入性、区位特殊性、社会建构性等特征（转引自 Dicken *et al.*，2001；张辉等，2007：12 - 13；李仙德，2012：39）。

格里芬强调全球商品链的四个研究尺度：一是投入产出结构，是围绕某一商品的价值增值过程的体现；二是地域性，是网络在地域范围的集聚、辐射和扩散；三是治理结构，是网络中各主体之间的权力关系和权力互动；四是制度厚度，包括区域内和区域之间的制度及约定对网络演变的影响（Dicken *et al.*，2001；转引自李仙德，2012：39）。

格里芬将商品链分为两种类型：生产者驱动商品链和购买者驱动商品链。生产者驱动商品链在于大型制造商将相关生产环节分解外包，再通过对整个生产过程的控制而进行整合；购买者驱动商品链在于大型销售商占据研发、设计、销售等环节，通过对商品销售渠道的掌控对商品流动环节进行整合（转引自徐海英等，2011：106）。

格里芬的商品链理论主要分析了全球范围的商品链和劳动分工，对地域嵌入性的变化引起的商品链动态演变有一定程度的忽视（Hughes，2000；Dicken P. *et al.*；Henderson J.，*et al.*；转引自徐海英等，2011：106）。同时，格里芬仅仅对商品链进行了简单的划分，并没有考虑到两者之间进行转化的可能性①。

2. 全球价值链理论

1985 年，迈克尔·波特在其所著的《竞争优势》一书中率先提出了价值链的概念。波特认为，企业通过基本活动和辅助活动来创造价值，企业将这些环节进行有机整合，构成了价值创造的动态过程②。斯特金（Sturgeon，2001）从组织尺度（Organizational Scale）、地理尺度（Geographic Scale）和生产主体（Productive Actor）三方面对全球价值链进行了界定，认为全球价值链是指全球范围内通过某一类产品联系起来的生产性主体之间经济关系的总和，其中生产性主体包括一体化企业、领导厂商、经销商、供应商等。

在全球价值链治理方面，格里芬做出了突出贡献。他最早提出了价值链治理的概念，将其定义为：价值链中权力掌控者对全球范围内该链条上价值创造活动进行协调和组织。汉弗雷和施密茨（Humphrey and Schmitz，2002）根据价值链各主体之间权力的差异将价值链的治理分成网络型（Networks）、准层级型（Quasi – hierarchy）、层级型（Hierarchy）、市场型（Market – type Relationship）四种类型。格里芬等人（2003）根据价值链主体之间的相互关系和协调能力划分了价值链治理的五种模式：市场型（Market Value Chain）、模块型（Modular Value Chain）、关系型（Relational Value Chain）、领导型（Captive Value Chain）和层级型（Hierarchy Value Chain）（转引自赵建吉，2011：43 – 44）。

台湾宏碁集团的施振荣根据价值链理论和其在 IT 产业的丰富经验，提出了"微笑曲线"的概念（见图 2 – 3）。如图所示，在 IT 产业中，上游的产品研发设计和下游的品牌管理与营销均具有较高的附加值，而处于中间的产品加工制造具有的附加值较低。显而易见，位于价值链不同环节的部门所获得的附加值具有较大差异（李健，2008：15）。

3. 全球生产网络理论

伯鲁斯（Borrus，1997）率先提出了生产网络理论，他将生产网络定义为一种以跨国公司为核心、以价值链各环节相互作用为基础的跨国型生产组织。随后，夏威夷大学的恩斯特和以迪肯（Dicken）、汉德森（Henderson）、海斯（Hess）、科伊（Coe）等人为代表的曼彻斯特学派分别提出了两种独立的全球

---

① Lee S. C. Value chain and networks of foreign direct investment in transitional economies: Korean textile and clothing foreign direct investment in Vietnam [J]. Journal of Economic Geographical Society of Korea，2007 (10): 93 – 115.

② 芮明杰，刘明宇，任江波. 论产业链整合 [M]. 上海：复旦大学出版社，2006：30 – 38.

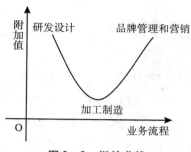

图 2 - 3　微笑曲线

资料来源：李健，2008。

生产网络理论。两者的内涵均表示为通过网络主体基于价值追求、权力相互作用和地方嵌入性对跨界价值链进行了整合的一种全球生产组织治理模式。与全球商品链和全球价值链相比，全球生产网络理论将不同价值链进行了整合，在分析过程中更加重视地域性，着重分析生产网络的地方嵌入机制和效果（李健，2008：18）。

　　海斯和杨（Hess and Yeung, 2006）对全球生产网络的研究脉络进行了梳理，分析了全球生产网络研究的理论来源。一是价值链理论，包括 20 世纪 80 年代基于战略管理的价值链理论和 20 世纪 90 年代中期全球商品链/价值链理论；二是 20 世纪 80 年代中期基于经济学和组织学的网络理论；三是行动者网络理论（ANT）。

　　全球生产网络的研究主要包括三个维度：价值的创造、权力的获得和相互作用，以及网络主体的地方嵌入性。在价值研究方面，曼彻斯特学派和恩斯特均注重价值创造在不同环节上分配的差异性，以及这种差异与地方嵌入的相关性和对地方经济发展的影响。但曼彻斯特学派更加注重对不同环节价值创造的空间研究，强调全球化与地方发展之间的相互作用。在权力研究方面，曼彻斯特学派更加强调生产网络中跨国企业的权力阶层和权力支配；恩斯特更加强调生产网络中权力相互作用及权力关系的动态变化。在地方嵌入性研究方面，曼彻斯特学派更加强调跨国公司和领导厂商的全球布局与价值链整合对地方经济发展的重要作用；恩斯特则提出全球生产网络中知识流动和技术转移在地方产业升级中具有重要作用（李健，2008：19；赵建吉，2011：45－48）。

（二）地方生产网络相关理论

1. 弹性专业化理论

20 世纪 70 年代，意大利经济学家巴纳斯科（Bagnasco）在研究意大利中北部和东北部经济发展过程中，将马歇尔经济区与意大利当地情况相结合，提出了"第三意大利"的概念，指大量中小型企业地理上集中且专业化程度较高的区域。在此基础上，20 世纪 80 年代美国社会学家布鲁斯科（Brusco）、皮奥雷（Piore）、萨贝尔（Sabel）提出了"弹性专业化"（Flexible Specialization）的概念。这种弹性专业化的产业区具有以下特性：弹性专业化的本土企业网络和劳动力网络相互交织，网络内部和网络之间的分工合作促进了产业区的整体发展；生产网络根植于本土社会、历史、文化背景之中，具有强烈的地方嵌入性；合作、创新和知识扩散通过产业区内的知识共享、信任和产业氛围来实现，是区域发展的关键性因素。在分析过程中，弹性专业化学派的经济学家强调弹性专业化产业区处于非均衡状态，动态变化和发展是其本质属性（苗长虹，2011：167 – 173）。

斯托佩尔（Storper，1997）指出，弹性专业化理论提供了除大规模生产之外的另一种生产模式——以中小企业聚集和产业间分工合作为特征的弹性专业化生产模式。同时，他也指出了该理论存在以下不足：大规模中小企业生产系统在世界范围内不具有代表性，"第三意大利"的弹性专业化取向难以在世界范围内运用；可以运用弹性专业化方式组织生产的主体并不仅仅局限于中小型企业，大型企业也具有实施弹性专业化的可能性；弹性专业化理论强调闭合性的地方化分工合作，对于地方生产网络在全球生产网络中的嵌入考虑不足（转引自李仙德，2012：35）。

2. 新的产业空间理论

新产业空间理论主要由美国加利福尼亚大学洛杉矶分校的加利福尼亚学派提出，其代表人物有斯科特（Scott）、斯托佩尔等。该理论经历了从强调产业空间形成的"交易费用"机制到强调"非贸易相互依存"（Untraded Interdependence）机制的发展过程（苗长虹等，2011：173 – 174）。20 世纪 80 年代，斯科特通过对西欧和北美新型工业化形式的研究，发现了产业聚集与劳动分工、交易费用之间的联系，强调了产业区形成的"交易费用"机制（Scott，1988a，1988b）。20 世纪 90 年代，斯托佩尔等认识到企业集聚除了"交易费用"的原因外，更重要的是集聚有助于增加前沿知识和先进技术传播的有效性，这种传播依赖集聚企业的信任、合作、交流等"非贸易相互依存"机制（Storper，1997）。

新产业空间理论十分强调产业空间的地方植入，王缉慈等人认为该学派过于重视投入产出和企业之间贸易依赖与本地社会、历史、文化和制度等因素的相互作用，强调区域范围内的产业空间，在一定程度上忽视了更广阔范围内的因素对产业聚集的影响（王缉慈，2001：131）。

3. 创新环境理论

创新环境理论由欧洲经济学家小组 GREMI 提出，代表人物有艾达洛特（Aydalot）和卡迈尼（Camagni）等。该理论认为产业空间集聚是区域内创新活动和创新环境相互作用的结果，企业集聚可以通过共享知识、技术和创意来提高技术和专业化水平（Aydalot，1986；Aydalot and Keeble，1988）。其中一部分学者认为创新环境由区域内的制度、规则和实践组成，网络根植于创新环境之中；而另一部分学者认为网络本身就是创新环境，网络主体通过网络进行地方化的动态学习（Camagni，1991，1997；转引自苗长虹等，2011：176）。

创新环境理论强调技术创新过程中创新环境的重要性，同时强调仅仅依靠地方环境不能够保持创新的连续性，跨界网络和技术交流对于更新创新环境、保持创新的持续性具有非常重要的作用（苗长虹等，2011：176）。

第三节　协同学及其理论基础

一、协同的内涵

（一）协同

协同的概念源远流长，可追溯到我国古老的东方哲学思想，在《汉书·律历志上》就有"咸得其实，靡不协同"的说法。在《辞海》中，"协同"的释义为各方互相配合、协助。从英文构词法和词源上分析，协同的英文拼写为 Synergism，词前缀为"Syn"即"Together"，是一起、共同之意，词后缀为"ergism"即"Work"，是工作之意，前后缀联合组成"Synergism"一词，表示若干事物一起相互联合、共同工作，即协同合作①。

协同学创始人 H. 哈肯认为，协同是指一个系统中，各要素或各子系统彼此协调合作，使系统呈现出要素所不具有的性质（H. 哈肯，1987）。协同的核心在于各要素的相互配合，强调系统从混沌向有序的转变。在当今社会中，协同的应用十分广泛，无论是自然科学体系，还是社会科学体系，都离不开对"协同"的研究。

（二）协同发展

协同发展是指系统中各子系统、各要素之间相互合作、相互适应、相互影响，以促进系统整体的结构和功能得到改进和完善的动态过程②。协同发展强调子系统之间的相互合作，系统和要素独立的发展不是协同发展，只有各子系统、各要素相互配合所取得的发展才是协同发展。协同发展强调系统整体的发展，单个系统和单个要素的发展不是系统发展，只有通过子系统和要素的相互影响，使系统整体取得大于要素之和的效果才是协同发展。协同发展强调动态发展，系统的协同效果是在子系统和要素相互影响、相互作用过程中逐渐体现的，是一个动态的过程。协同发展强调良性竞争，子系统和要素竞争的目的是促使双方发挥自身优势，实现双方共同发展和系统整体的发展。

二、协同学理论

对于含有多个子系统的开放性自组织，通过子系统相互之间的非线性作用，可以实现从无序到有序、从低级到高级、从远离平衡态趋向或达到平衡态的演变。协同学就是研究这种从无序到有序的演变过程的机制和规律的学科。协同学的应用范围非常广泛，涵盖了物理学、化学、生态学、生物学、社会学、经济学、信息学、管理学等多个学科。它试图创立一种普遍的规律来解释不同学科中的系统从无序到有序的转化过程。

协同学由德国物理学家赫尔曼·哈肯（Hermann Haken）于 20 世纪 70 年

---

① 杨玉珍. 区域 EEES 耦合系统演化机理与协同发展研究 [D]. 天津：天津大学，2011：42.
② 杜志平，穆东. 系统协同发展程度的 DEA 评价研究 [J]. 运筹与管理，2005，14（1）：75 – 76.

代提出。哈肯在《协同学引论》一书中，从激光领域的非平衡系统出发，指出如果一个系统处于远离平衡态的无序状态，那么系统内部的各个子系统会通过物质、能量等交换方式有目的性地进行相互作用。通过这种协同作用，系统由无序向有序转化，形成新的稳定结构。哈肯的研究建立在自组织理论的基础上，即系统内的各子系统自发地相互协调以促进系统由远离平衡态趋向平衡，而不是在系统外某个具有引导作用的指令之下进行演变。协同效应的特点在于系统宏观表现出子系统所不具有的特征，即子系统的协同作用会使系统所产生的总效应大于子系统效应之和①。

在协同学理论中，哈肯引入了"序参量"（Order Parameter）这一概念。序参量最早由苏联物理学家朗道为描述平衡相变的有序程度而提出，哈肯把它引入协同学中以描述系统的有序程度。系统中一般存在着两种起相反作用的运动，一种是系统各要素自身的独立运动，另一种是各要素之间相互影响形成的协同运动。当系统各要素独立程度较高、自身的独立运动起主导作用时，系统中不存在序参量，系统处于无序状态；随着系统的演变，子系统间彼此影响逐渐加强，要素关联运动逐渐增多，当系统的控制参量达到"阈值"时，系统各要素的关联运动取代要素独立运动占据系统主导地位，序参量产生，促进系统向稳定有序的结构转化。所以说，序参量是系统有序程度的度量标准，也是系统演化的主导力量。

协同的特点在于系统趋于稳定结构时表现出来新的特征，而这种特征是微观层面的子系统所不具备的。这一特点通过协同作用而产生。协同作用是系统内部出现有序结构的原动力，是系统由无序向有序转化的原动力。协同作用来源于系统各要素之间的协调合作，只有系统各要素之间更多地进行协调合作，系统内才会产生更多的协同作用，驱使各要素的关联运动占据主导地位，使系统在临界点产生新的有序稳定结构，即"协同导致有序"。因此，从社会学层面来看，系统内各要素和子系统只有加强彼此的合作，围绕共同目标努力，才能够使协同效应充分发挥，促进系统从无序趋向有序，使系统表现出超出个体效应之和的整体效应。如果系统中各要素和子系统缺少关联，各自独立运动，或是相互产生负面关联，会使系统的无序度增加，无法发挥协同效应的作用，整个系统的效应也会降低。

协同学的领域涵盖多个学科，它与其他科学的结合取得了多方面的重大成

---

① 王力年. 区域经济系统协同发展理论研究［D］. 长春：东北师范大学，2012：10.

果，带来了多个领域的变革和发展。协同学丰富和发展了世界普遍联系的规律，是唯物辩证法在实践领域的运用和体现。

第四节　科技园区地方协同发展的理论评述

20 世纪中后期以来，随着全球化、专业化和信息化对经济社会发展的重要影响，全球经济模式发生了重要变革。区域内各经济要素之间的协同作用对区域经济竞争力的贡献度越来越高。作为生产要素的主要聚集地、科技创新的重要平台和实体产业的功能载体，科技园区之间的协同作用对于区域经济发展有着毋庸置疑的重要影响。

当前经济学界对于科技园区的研究，集中在对产业聚集的优势、园区企业创新学习能力和氛围，以及园区发展驱动因素等多个方面。产业聚集理论更多地从规模经济、交易费用、专业化分工、信息传播等方面对产业聚集进行阐述（马歇尔，1890；韦伯，1909；波特，1990）。创新理论对创新内涵、类型、机制、与市场和企业的关系、与国家和区域的关系等方面进行了深入的阐述（熊彼特，1912；索洛，1957；阿罗，1970；库克，1996）。多元发展理论对科技园区发展的驱动因素进行了探讨（景俊海，2001）。科技园区相关理论更多地关注个别科技园区的发展和科技园区的内部联系，对于一定区域范围内多个科技园区之间的协同作用难以进行有效的解释。

与产业集聚理论更加注重集群内生性不同，生产网络理论更加注重集群的外生性。全球生产网络理论对于全球生产网络的概念、内涵、网络价值的创造、网络权力的获得和相互作用，以及网络主体的地方嵌入性等内容进行了深入的阐述（Gereffi，1994；Dicken *et al.*，2001；Ernst，2002；Hess and Yeung，2006）。地方生产网络理论更加注重网络的地方嵌入性、产业区之间的网络联系、网络与创新之间的联系等方面（Storper，1997；Camagni，1991，1997）。但是生产网络理论对于城市、企业范畴的关注相对较多，对于汇聚大量企业和经济资源的科技园区关注相对较少，对于区域范围内科技园区之间的相互联系没有进行深入的探讨。

鉴于科技园区对于区域经济发展的重要作用，本书致力于通过协同学理论中"各要素相互合作"、"整体优于部分之和"和"协同导致有序"（H. 哈肯，1984，1987）等核心思想，在生产网络的基础上对科技园区进行协同作用分析，以期构建一个较为成熟的理论框架，阐述区域范围内多个科技园区通过协同合作促进彼此发展的原理，分析科技园区地方协同发展的内涵、模式、机理、演化阶段和影响因素，为区域范围内科技园区的系统联动、合作发展提供一定的理论依据。

第三章

科技园区地方协同发展原理

本章拟对科技园区发展的历史进行回顾，对科技园区与生产网络的关联进行分析，对科技园区地方协同发展的内涵、模式、机理和演化阶段进行研究探索。

第一节　科技园区的历史沿革

一、世界科技园区的发展历程

（一）科技园区的起源

1947 年，时任美国斯坦福大学校长的弗雷德里克·弗曼（Frederick Ferman）提出在斯坦福大学建立研究园的设想，以促进学生自己创立公司、研发和制造新的产品。1951 年，在政府和各方的支持下，世界上第一个科技园区——斯坦福大学研究园（Stanford Research Park）在美国成立。这就是美国著名的工业基地和高技术企业聚集地——硅谷（Silicon Valley）。在斯坦福大学研究园建立之后，许多公司争相进入，其中不乏通用电气、惠普、柯达这样的大型企业集团。通过企业、政府、大学、中介机构和科研机构之间的紧密结合，斯坦福研究园迅猛发展，很快就成为世界高技术研发和制造中心①。随着

---

① 吴林海. 世界科技工业园区发展历程、动因和发展规律的思考［J］. 高科技与产业化，1999（1）：9 - 13.

硅谷的兴起，科技园区吸引了世界范围内许多国家的注意，各国相继开始着手建立自己的科技园区。

（二）科技园区的发展

经过半个多世纪的发展，全球科技园区的数量和规模得到了很大提升。据不完全统计，到 1997 年，世界范围内共有 1009 个科技园区，主要集中在北美、欧洲和东亚地区（详见表 3 – 1）。从国家层面上看，发达国家拥有大部分的科技园区，占世界科技园区总数的 75% 左右。其中，美国是拥有科技园区最多的国家，占园区总数近 40%，其次是德国和日本，分别拥有超过 10% 的科技园区。中国的科技园区数量排在第四位，占世界科技园区总数的 5.3%。在美洲，除了硅谷以外，还有美国的 128 公路、北卡罗来纳三角研究园和加拿大的"北硅谷"等具有代表性的科技园区。在欧洲，英国的剑桥科学园、法国的索菲亚科技园、德国的海德堡科技园和卡尔斯鲁厄技术工厂等科技园区对欧洲经济的发展起到了极大的推动作用。在亚洲，日本的筑波科技城和北九州硅岛高新技术产业开发区、以色列的特拉维夫、印度的班加罗尔国际科技园、中国的北京中关村高新区和台湾地区的新竹科技园等科技园区对于亚洲经济的发展和发展中国家经济转型升级起到了引领示范作用。

表 3 – 1　　　　　　　　　　1997 年世界科技园区分布情况

国家	园区数量（个）	所占比例（%）
美国	398	39.40
德国	106	10.50
日本	104	10.30
中国	53	5.30
英国	50	4.96
法国	35	3.47
澳大利亚	33	3.27
加拿大	31	3.07
其他国家	199	19.72
合计	1009	100

资料来源：胡兴祥，刘志迎，2002。

(三) 科技园区的扩张

21 世纪以来，科技园区在世界各地再次得到迅速扩张。到 2010 年 2 月，根据国际科技园区协会的统计，科技园区协会的会员分布在 5 个洲（欧洲、北美洲、亚洲、南美洲、非洲）的 70 多个国家。科技园区发展的区域明显扩大，欧洲区会员增长幅度最大，所占的比例也最大，约有 60%；亚洲区会员约占会员总数的 20%，排在第二位。这在一定程度上反映了世界科技园区的分布情况和最近 10 年科技园区的发展状况①。

科技园区汇聚了大量生产要素和科技资源，园区间的知识扩散、信息交流、技术合作和功能互补，进一步提高了园区的科技创新、知识创新和机制创新能力，使得科技园区的科技竞争力得到极大提升，竞争优势更为凸显，对全球经济和地方经济的带动作用更为显著。

二、中国科技园区的发展历程

(一) 中国科技园区的发展阶段

与发达国家相比，中国的科技园区起步较晚，在发展历程中也具有自身的特殊性。国内学者中，顾朝林、赵令勋（1998），郑静、薛德升等（2000），韩继坤（2007），张新明（2013）等都按照时间顺序对中国科技园区的发展历程进行了划分，本书根据以上学者的研究成果，将我国科技园区的发展大致划分为四个阶段：酝酿阶段、创立阶段、发展阶段、成熟阶段。

1. 酝酿阶段（1980~1985 年）

20 世纪 80 年代初，鉴于国外科技园区良好的发展态势，部分经济学专家学者向国家提出了借鉴美国硅谷经验在中国创立科技园区的建议。1984 年 6 月，国家科委向中央和国务院提交了《关于迎接新技术革命的对策报告》，希望中央加大对高新技术的重视力度，制定促进高新技术园区发展的政策，鼓励高新技术企业的发展，并在中国建立科技园区。1985 年 3 月 13 日，中央出台了《中共中央关于科学技术体制改革的决定》，明确指出"要在全国选择若干

---

① 张新明. 国家级高新技术产业开发区发展要素分析及上海张江高新区实证研究 [M]. 上海：华东师范大学，2013：53 – 54.

智力密集区，采用优惠政策，形成具有特色的高新技术产业开发区"，这是中央首次明确提出在全国范围内建立高新技术开发区。1985 年 4 月，国家科委向中央提交了《关于支持发展新兴技术产业的请示》，提出将北京中关村、上海张江、武汉东湖等具有经济发展优势和智力优势的地区作为高新技术开发区的试点地区，进一步细化了在我国建立高新技术开发区的操作步骤。这一阶段为我国高新技术开发区的建立打下了坚实的基础。

2. 创立阶段（1986～1992 年）

1986 年 3 月，王大珩、陈方允等四位科学家针对当时世界科技发展状况，向中共中央提交了《关于跟踪研究外国战略性高技术发展的建议》，邓小平同志做出了"此事宜速作决断，不可拖延"的重要批示，同年 11 月，中央正式启动了"高技术研究发展计划（863 计划）"。1988 年 5 月 10 日，国务院正式批准北京市建立中国首个国家级高新技术产业开发试验区，即后来的中关村科技园区，并给了 18 条优惠政策。与美国相比，这已经晚了 37 年。1988 年 8 月，中共中央、国务院联合批准了火炬计划，明确提出将推进高新技术开发区的发展作为火炬计划的重要组成部分，鼓励各省、市、自治区结合自身实际情况建立高新技术开发区，拉开了中国高科技园区蓬勃发展的序幕。1991 年，国务院批准建立了中国第一批 26 个国家级高新技术产业开发区。1992 年 11 月，国务院又批准在上海张江、苏州、昆明、青岛等地建立中国第二批 25 个国家级科技园区。至此，全国范围内一共建立了 52 个科技园区，我国科技园区的发展初具规模。

3. 发展阶段（1993～2009 年）

1994 年 11 月，国家科委出台了《关于对我国高新技术创业服务中心工作的原则意见》，首次明确提出对高新区建立企业孵化器予以政策支持，为高新区的进一步发展创造了良好条件。1997 年 6 月，国务院批准在陕西杨凌建立首个国家级农业高新技术开发区。2002 年 1 月，国家科技部出台的《关于进一步支持国家高新技术产业开发区发展的决定》提出"二次创业"战略，提出高科技园区的未来发展将以质量发展为引导方向。2007 年，国务院批准宁波高新技术产业开发区成为国家级高新区。2009 年，国务院批准泰州医药高新技术产业开发区和湘潭高新技术产业开发区成为国家高新区。截止到 2009 年，我国共有科技园区 56 个。这一阶段，国家对高新技术园区的发展出台了多个指导性文件，建立了多个评价标准，进一步明确了科技园区的发展方向。

4. 成熟阶段（2010 年至今）

2008 年，世界金融危机的发生让中国经济发展受到很大影响，经济结构调整势在必行。2010 年中央进一步强调充分发挥市场对资源配置的决定性作用，加强国家经济政策的引导，推进产业结构调整优化升级。高技术产业具有附加值高、资源消耗低、环境污染少、带动能力强等特点，通过对其的发展，能够改变我国以往高消耗、高污染、低产出的粗放型发展模式，促进产业结构调整优化升级，有利于我国经济的转型发展。东西部地区通过产业转移形成不同的产业梯度，各区域结合自身特点形成具有地方特征的科技园区。2010 年以来，国务院先后批准建立了 48 个国家级高新区，进一步扩大了科技园区规模，促进了科技园区之间逐渐形成产业错位、合作互补的发展态势。中关村科技园区成立后，经过 20 多年的发展，截至 2015 年 11 月 6 日，我国已有国家级高新区 145 个，发展势头良好。

（二）中国科技园区发展阶段的特征

韩继坤（2007）在王元（2003）、吕政和张克俊（2006）等人观点的基础上，根据科技园区发展的阶段性特征，将我国科技园区的发展划分四个阶段，分别是：要素聚集阶段、产业主导阶段、创新突破阶段和财富凝聚阶段。

在要素聚集阶段，科技园区的发展主要由优惠政策吸引企业入驻来实现。这一阶段的主要目的是加快生产要素在园区的集聚，主要增值手段是产品制造与加工。园区本身更贴近"产品加工贸易区"。

在产业主导阶段，科技园区的发展主要由政府政策和企业发展两方面来实现。这一阶段的主要特征在于形成以大型高技术企业为核心的产业链，主要增值手段是通过产业链竞争所实现的企业发展，园区在一定程度上成为"高技术产品制造基地"。但是园区内科研机构较少，主要依赖园区外的高等工科院校和科研机构进行研发创新，缺乏核心竞争力。

在创新突破阶段，科技园区的发展主要由科技创新实现。这一阶段的主要特征在于将创新资本与创新能力相结合创造出高附加值的产品，主要增值手段是通过"创新价值链"的发展制造出"创新高地"、产生"创新势差"。在这一阶段，园区的增长极效应明显、对区域经济发展具有较强的带动能力。

在财富凝聚阶段，科技园区内的人力资源、品牌、资本等生产要素都已经达到"财富级"水平。资源之间的有机结合使得园区由"创新高地"发展为"财富高地"，与周围区域的"势差"更加明显。园区的发展进入了更高级的层次。

中国科技园区发展呈现出极大的不平衡性。总体而言，大部分科技园区已渡过要素聚集阶段，产业主导阶段特征显著；部分园区显现出创新突破的阶段特征，产业主导阶段和创新突破阶段呈交织状态；财富凝聚阶段尚未到来[①]。

（三）中国科技园区发展现状

经过将近 30 年的努力，中国科技园区坚持改革开放和自主创新，积极推进科技与经济结合，自主创新能力不断提高，创新资源迅速聚集，创新成果大量涌现，取得了辉煌的成绩。

1. 科技园区已成为中国经济的重要组成和基础支撑

根据国家科技部火炬高技术产业开发中心主任张志宏 2015 年 11 月 6 日在天津高新区召开的国家高新区发展战略研讨会上的介绍，2014 年，中国国家级高新区营业总收入、工业总产值分别实现了 22.7 万亿元、17 万亿元，比“十一五”末分别增长了 114.1%、101.5%，年均增长分别达到 21.0%、19.1%。2014 年，国家高新区研发投入达 4000 亿元，占全国研发企业投入的 30%；高新区内的高新技术企业总数超过 2.5 万家，占全国的 40%。随着中国高新技术产业的快速推进，科技园区以高质量、高速度的发展态势，不但成为经济发展的增长点，还成为中国产业结构调整的重要手段，在我国调整经济结构、转变经济增长方式中充分发挥了引领示范作用。

2. 发展科技园区成为中国发展的必由之路

在 2008 年金融危机以后，中国经济发展速度放慢了许多，也出现了一些令人担忧的现象，如房地产经济泡沫持续膨大、商品出口受阻、资源消耗大、环境污染严重等。解决这些问题，必须要进行产业结构深层次的调整。通过发展高新技术产业，利用高新技术产业具有高附加值、对资源需求低、对环境污染小、对国民经济贡献率大的特点，改变中国以传统产业为主的困局，是突破发展瓶颈的一剂“良药”。“十三五”期间，中国科技园区应该大力发展众创空间、继续打造创新高地、不断加强政策创新、融合各级创新体系，不断提高区域创新能力，以创新推动中国经济在新常态下实现新发展。可以说，顺应“二次创业”的新的时代发展要求、大力发展国家高新区和地方科技园区成为中国发展的必由之路。

---

① 韩继坤. 技术创新、制度创新与科技园区发展研究 [D]. 武汉：华中科技大学，2007：19 - 25.

三、中国科技园区在发展中存在的问题

中国科技园区在国民经济发展中扮演着重要的角色，但是随着中国经济总量和发展质量的提高，一些问题也逐渐开始显现。

（一）自主创新能力不强，缺乏核心技术

在全球生产网络中，发达国家占据产业链高端的研发、设计、营销结算等环节，我国的企业目前更多的是作为发达国家的"制造工厂"为其提供生产加工服务，科技园区中企业缺乏对关键技术的掌握，创新能力相对较弱。同时，企业创新意识较淡，技术研发创新动力不足，缺乏投入大量资金进行研发的意愿，使得科研经费在产品销售额中的占比与西方发达国家存在差距，制约了企业技术研发能力的提高。

（二）看重短期利益，缺乏长远规划

在科技园区发展过程中，相当一部分地方政府只注重企业的引入，不注重企业的发展，引入企业的科技含量不高，科技园区功能偏离。有些地方政府只注重企业上缴税收，不注重企业自身盈利；只注重大型和成熟型企业，不注重小型和发展型企业，引进科技含量较低的劳动密集型企业，产业粗放式发展、竞争力不强。对于科技园区的管理，主要着眼于企业的发展成果，对于企业创新力和竞争力的提高关注较少。

（三）重视硬件建设，忽视软实力的培养

在科技园区的规划过程中，地方政府对于基础设施建设等硬件设施投入大量资金，而对于园区文化氛围等软实力的建设缺乏相关概念。一些科技园区严重依赖以较低的土地价格进行数量扩张，把厂房出租和房地产开发作为创收的重要来源和工作重点，导致科技园区发展软实力较弱，缺乏创新文化、缺乏创新人才、缺乏创新意愿，难以取得技术突破，更难以把技术优势转化为竞争优势。

（四）孵化功能缺失，对有潜力的企业缺乏资金投入

高新技术产业是一种高风险、高投入的行业，单独靠企业自身的原始积累难以实现技术创新。虽然中国高新技术产业的发展有了风险资本的退出机制，

但是需要融资的企业需求量较大，面对僵化的融资体系，仅靠 IPO 一种融资方式难以满足企业需求。同时，相当一部分科技园区不注重自身孵化功能，难以对入驻其间的有发展前景和潜力的企业形成资金投入。

（五）缺乏统筹规划，园区之间难以形成发展合力

地方政府在对科技园区进行布局规划过程中，往往忽视园区之间的相互联系和错位发展，导致园区之间的同质化竞争现象严重，相互之间联系较少、关联度不够，难以形成联动协同、优势互补的发展态势。

面对中国科技园区发展过程中出现的问题，如何对科技园区进行合理规划布局，建立科技园区之间的联动机制，发挥科技园区的协同发展优势，形成一定区域范围内科技园区的发展合力，带动区域经济的整体发展，值得思考和研究。

第二节　科技园区与生产网络的关联

当前，我国科技园区主要处于产业主导阶段和创新突破阶段相互交织的状态，单个科技园区的自主发展已日臻成熟。园区的进一步发展，需要将自身纳入生产网络，纳入"产业链"和"价值链"某一发展阶段或产业分工的某一方面。只有这样，才能更好地发挥园区的作用，得到更大的创新突破和提升发展，产生更大的"附加值"。为此，科技园区与生产网络的关联，成为科技园区地方协同发展的前提；也只有将科技园区纳入生产网络范畴，才能更好地进行园区的协同发展。

一、科技园区是生产网络的重要载体

（一）科技园区具备生产网络形成的基本要素

生产网络的基本组成要素包括领导厂商、供应商、科研机构、投资机构、中介结构、政府等。这些要素在科技园区中汇聚，是生产网络在科技园区中形成的基础。

第一，领导厂商是生产网络的主要掌控者，也是生产网络的核心主体。科

技园区中本土大型制造业企业和具有竞争力优势的外来入驻企业无疑具备成为领导厂商的潜能。

第二，供应商分为主要供应商、次要供应商和自由供应商。供应商和战略合作伙伴都是构成生产网络的主要"节点"。这些"节点"可以是跟随领导厂商入驻科技园区的企业，也可以是领导厂商在科技园区中新发展的合作伙伴。

第三，生产网络的发展演变以创新为动力，科研机构是创新的重要来源。在科技园区中，企业通过与园区内或园区附近的科研机构和高等院校的交流合作，进行新产品研发、加工工艺改进、销售模式升级等创新。通过生产网络主体之间的联系，提高了园区生产网络整体创新能力，推进了园区的发展壮大。

第四，投资机构为生产网络中的企业提供资金支持。科技园区中有相当规模的中小型高新技术企业，这些企业在发展的初期急需资金，而投资机构恰好可以解决这些企业的资金需求，促进企业的发展。同时，园区中的大型企业也可以在特定项目上与投资机构进行合作，一方面保证了项目的资金来源，另一方面也有利于投资机构自身的发展。

第五，中介机构为生产网络中的企业提供咨询服务和技术支持。科技园区中，围绕主导产业聚集起一定数量的中介机构。它们为主导产业的发展提供辅助服务，在一定程度上弥补了大型企业某一方面的不足。

第六，在生产网络中，政府的作用不容忽视。企业所享有的优惠政策、所需遵守的法律法规以及对科技园区进行管理的科技园区管理委员会，都可以看成"政府"这一要素的具体体现。在科技园区中，政府建设基础设施、吸引外来企业入驻、约束企业行为。可以说，政府因素和市场因素一起维持着科技园区生产网络的正常运转和发展演变。

（二）科技园区具备生产网络形成的外部条件

仅仅具有基本的组成要素，并不能在科技园区中形成生产网络，还需要一定的外部条件。这些外部条件包括科技园区的区位和交通条件、科技园区的基础设施、科技园区的产业基础，以及科技园区的管理机制。

1. 科技园区的区位和交通条件

科技园区的区位和交通条件是指科技园区所在位置获得的区位优势和交通便利程度。区位优势包括智力优势、资本优势、产业优势和环境优势。第一，智力优势是指园区附近有更多的科研机构，有助于园区生产网络获得更多的智力支持和创新支持；第二，资本优势是指园区附近有更多的金融和投资机构，有助于园区生产网络获得更多的资金；第三，产业优势是指园区具有良好的产业基础，有助于园区在此基础上发展加工制造业，可以为园区生产网络提供更多的供应商；第四，环境优势是指园区具有良好的生活环境，可以吸引更多的优质人力资源。具有良好区位的科技园区无疑可以吸引更多更优质的企业进入，既扩大了园区生产网络的潜在网络主体数量，又提高了网络主体的质量。交通便利程度可以使企业与更大范围的供应商、潜在客户或合作伙伴产生联系，有助于科技园区生产网络的拓展和延伸。

2. 科技园区的基础设施

科技园区的基础设施包括交通基础设施、信息化网络平台和生活基础设施。第一，交通基础设施包括园区内和园区附近道路、公交、轨道交通、港口码头等基础设施，这些基础设施的完善程度决定了科技园区对企业的吸引程度，也决定了生产网络与外界联系的紧密程度和向外延伸扩张的速度。科技园区基础设施越完善，越能吸引更多高质量的企业入驻，生产网络的活力越高，向外延伸扩张的速度越快。第二，园区信息化网络平台的建设有利于提高园区生产网络信息流通速度和对外信息交流速度，有利于网络中各主体联系的紧密性和网络运转的高效性。信息化网络平台覆盖面越大，网络主体的信息交换速度越快，所获信息数量越多、准确性和及时性越高，越能够做出科学合理的决策、取得越快的发展，进而促进整个生产网络的发展。第三，生活基础设施包括生活楼宇、餐饮设施、商贸设施、医院、学校等。这些生活设施为科技园区从业人员提供了基本的生活、休闲、娱乐功能，有利于吸引更多高质量的人才进入园区，也有助于提高园区从业人员的工作效率。高质量人才的进入能够提高科技园区生产网络中网络主体的竞争力，有助于生产网络整体的优化升级。

3. 科技园区的产业基础

科技园区的产业基础是指科技园区建立时所拥有的属于某一产业或几个产业的企业、关键资源、核心技术等产业核心要素。同一产业的企业之间更容易产生生产联系，形成产业链；关键资源能够吸引相应产业的企业入驻，在产业发展过程中也能起到事半功倍的效果；核心技术的扩散效应能够提高产业的整体技术水平，促进产业的发展。因此，拥有良好产业基础的科技园区可以缩短产业链的形成时间，加快产业链网络化的速度，有利于在短时间内形成科技园区的生产网络。

4. 科技园区的管理机制

科技园区的管理机制是指园区管理系统的运行结构和内在机理，它包括运行机制、动力机制和约束机制三个子机制。第一，科技园区的运行机制主要是通过优惠政策和产业优势引入企业形成产业链，通过产业链竞争促进企业发展，进而推进整个园区的发展。在引入企业形成产业链过程中，园区生产网络的雏形也开始出现。第二，科技园区的动力机制主要通过利益驱动实现。园区的企业为了获得更多的利益，不断制定长远规划、提高创新能力、发掘新兴市场，实现自身的发展，在这个过程中，园区经济发展得以实现。同时，通过园区企业的相互竞争，一批落后企业遭到淘汰，剩余企业获得了更多的生产要素，提高了自身的竞争力，这在一定程度上促进了园区的产业升级。园区经济发展为生产网络的形成创造了良好的经济环境，产业升级促进了生产网络的结构优化。第三，园区的约束机制在于园区管理委员会通过法律法规和园区规章制度对园区企业进行行为规范，这有利于在园区内形成公平的发展环境，也有利于园区生产网络的正常运转。

具有生产网络形成基本要素的科技园区，还需要有良好的区位和交通条件、完善的基础设施、深厚的产业基础和科学合理的管理机制等外部条件，才能将科技园区中的各生产要素进行有机结合，形成园区生产网络。

（三）科技园区促进生产网络的发展

科技园区对生产网络发展的影响主要体现在推动园区网络主体发展、加强网络主体紧密联系度、促进园区生产网络延伸拓展三个方面。

1. 科技园区主要通过聚集效应推动网络主体发展

聚集效应带来的规模优势吸引大量具有较强竞争力和较大发展潜力的企业进入，这些企业是园区生产网络的潜在网络主体。大量企业聚集一方面加剧了企业之间的竞争，另一方面也使得园区企业具有大量合作伙伴，有利于企业间的交流合作，从两方面推动园区企业的发展壮大。

2. 科技园区为生产网络主体之间的联系创造了更加便利的条件

从空间上看，科技园区内的企业分布在一个较小的范围，客观上有利于彼此之间的信息交换。从产业上看，园区通常围绕某一产业或几个产业进行发展布局，产业内企业之间更容易形成某种联系。从组织上看，园区管理委员会在园区内经常举行交流活动，增加企业彼此之间的信任度，降低企业联系的隐性成本。

3. 科技园区的外部联系有利于生产网络的延伸拓展

由于园区内产业聚集程度较高，相邻园区间的企业容易形成生产上的关联。为了获得规模效应，园区内聚集的企业往往归属于少数几个产业，不同园区间部分企业的生产关联通过产业内扩散形成不同园区的产业关联。不同园区的生产网络通过企业关联和产业关联形成交织，彼此成为对方的延伸。

二、科技园区的发展驱动要素存在于生产网络之中

（一）科技园区的发展驱动要素

20 世纪初，景海俊等提出了科技园区的五元驱动理论，认为高新区是在多种驱动因素共同作用下向前发展的，其中最重要的有五种要素，即大学、企业孵化器、高新企业、政府部门和风险投资机构，而且五元驱动理论中的每个要素都起着一定的作用。政府部门的作用在于构建科技园区的创新环境；大学的作用在于为科技园区的发展提供各种创新源泉；企业是科技园区技术创新的主体；企业孵化器为科技园区的企业提供了孵化系统；风险投资机构构建了科技园区的投融资体系①。

（二）科技园区的发展驱动要素是生产网络的构成主体

可以看到，五元驱动理论中的大学、高新企业、政府部门和风险投资机构也是生产网络的构成主体。科技园区的企业是生产网络的重要组成部分。园区主导产业的企业关联性较广，存在联系的企业较多，是重要的网络节点；园区配套产业的企业一方面作为生产网络的次要节点维持网络正常运转，另一方面为主导产业提供配套服务，促进主导产业发展。大学和科研机构是生产网络中技术创新的核心所在。企业通过与高校和科研院所合作或交易来获取技术支持，在这一过程中所形成的企业与科研机构之间的关系构成了联合创新的基础。政府部门在生产网络中起着协调监督的作用。政府一方面为企业、科研机构等网络主体提供服务，如政策服务、平台服务、资金扶持等；另一方面通过打击经济违法行为、维护企业的正当权益来保证生产网络的正常运转。风险投资机构为生产网络中具有发展潜力的高技术企业提供资金支持，促进其健康发展。所以，五元要素大多在生产网络中得以体现，并促进着生产网络的发展。

---

① 景俊海．风险投资与科技工业园发展［J］．科学投资，2001（5）：68－69.

（三）科技园区嵌入生产网络之中

正是由于科技园区的发展驱动要素在生产网络的运行过程中起着重要作用，科技园区的发展依附于生产网络，生产网络也促进着科技园区增长的实现，两者相辅相成，互为依托，因此我们认为，科技园区嵌入生产网络之中，并且在生产网络基础上实现相互之间的协同发展。

第三节　科技园区全球协同发展分析

一、科技园区全球生产网络的内涵

本书认为，全球范围的科技园区所包含的企业、地方政府、科研机构和高等院校、投资机构、中介机构等经济主体通过正式和非正式的经济行为所形成的具有园区特性的生产联系的总和，即为科技园区全球生产网络。

哈坎森（Hakansson，1987）的研究指出，网络主要由网络主体、网络资源、网络活动等部分构成。基于此，可以定义科技园区全球生产网络的主体主要包括科技园区内部及附近的企业（上下游企业、行业领先的跨国公司等）、大学及科研机构、金融机构、政府部门等；科技园区全球生产网络的资源主要包括在全球范围科技园区内流动的资本资源、人力资源、技术资源、信息资源等；科技园区全球生产网络的活动主要包括不同科技园区的网络主体之间基于贸易联系、投资联系、人脉联系等所进行的网络活动。

二、科技园区全球协同发展的内涵

在协同学理论中，系统由各要素相互作用而形成。在系统中各要素存在着两种不同类型的运动，一种是各要素各自独立的无规则运动，另一种是各要素相互作用的关联运动。在系统从混沌向有序演化的过程中，演化进行到一定阶段之前，系统中各要素的独立运动占据主要地位，各要素的关联运动处于弱势地位。随着系统的继续演化，各要素关联运动逐渐增强，无规则的独立运动逐渐减弱。当系统演化到临界点，即系统中控制量量达到"阈值"时，系统中各要素的关联运动占据主导地位，而各要素无规则的独立运动处于弱势地位，整个系统形成了新的协调有序的平衡状态。系统从无序状态向有序平衡状态转化的过程也是系统从低级向高级发展进化的过程①。根据科技园区全球生产网络各要素无规则运动和关联运动的程度，可以将科技园区全球协同发展的过程分为三个阶段。

（一）低级协同发展阶段

系统处于低级协同发展的状态时，科技园区全球生产网络未形成或处于萌芽状态，世界范围内科技园区之间联系较少，多为企业自发产生的联系，联系通道不稳定，联系强度极弱。科技园区间资源流动较少，世界范围内配置资源的优势未充分发挥，未实现资源的有效配置。园区更多地依靠自身实现发展。

（二）中级协同发展阶段

系统处于中级协同发展的状态时，科技园区全球生产网络初步形成，世界范围内科技园区之间开始形成较为稳定的联系通道，联系的方式逐渐多样化。科技园区间资源流动逐渐增多，世界范围内配置资源的优势开始发挥，资源配置效率提高。科技园区全球协同作用的优势开始呈现，越来越多的科技园区开始有意识地寻找协同发展对象，全球范围内园区层面的交流合作越来越多。

（三）高级协同发展阶段

系统处于高级协同发展的状态时，科技园区全球生产网络已经成熟，科技园区间的协同通道稳定，协同方式丰富多样。各种资源在科技园区全球生产网络中流动不息，并实现优化配置。科技园区从全球范围的协同作用中获得大量助力，园区发展取得跨越式突破。层级制逐渐形成，具有技术优势、资源优势的科技园区成为生产网络的重要节点，也是世界范围内众多科技园区的重要协同对象，掌握着生产网络中的最高权力，并通过协同作用将辐射面扩展至全球范围。

根据上述理论分析，本书赋予科技园区全球协同发展以下内涵：科技园区全球协同发展是指在科技园区全球生产网络中，科技园区之间优势互补、协调合作，通过世界范围内资源在生产网络中的有效配置，实现全球范围科技园区

---

① ［德］H. 哈肯. 协同学引论［M］. 徐锡申，陈式刚，陈雅深等译. 北京：原子能出版社，1984.

发展效果的放大，取得整体大于部分之和的协同发展状态。

三、世界科技园区全球协同发展分析

2010 年《硅谷指数》指出，全球链接能力是硅谷成为创新栖息地的 4 个关键因素之一，其主要包括硅谷与世界各创新尖峰地区的技术、资本和人才的链接（王成刚，2011）。在全球生产网络中，科技园区通过全球链接获得了互补的先进技术、全球范围的雄厚的创新资本、不同行业的优秀的技术团队等。这是单一科技园区难以获得的资源。

（一）基于贸易联系的协同

在科技园区全球生产网络中，由于技术势差、要素禀赋、区位优势、制度文化的不同，贸易行为在科技园区间产生，并且已经成为世界经济行为的重要组成部分。大型跨国公司、供应商、科研机构、中介机构、政府等是基于科技园区全球生产网络的贸易行为的主体，包括实物和技术双重内涵的原材料供应、半成品销售、消费品和劳务购买等是基于科技园区全球生产网络的贸易行为的方式。通过贸易，资源在科技园区全球生产网络中流动并以一定的规则在全球范围科技园区进行配置，这种流动产生的张力推动着科技园区的发展，并成为世界经济发展重要的"极"。

（二）基于投资联系的协同

科技园区全球生产网络为 FDI（Foreign Direct Investment，外国直接投资）提供了渠道。联合国贸易和发展组织发布的 2015 年《世界投资报告》显示，2014 年全球 FDI 的流量为 1.23 万亿美元，其中流入发展中经济体的 FDI 达到了 6810 亿美元，占全球 FDI 流量的 55%。中国以 1290 亿美元首次成为最大的 FDI 流入国。具有先进科技、顶尖人才聚集的科技园区是 FDI 流入和流出的重要区域。FDI 构建了科技园区之间的外部空间通道（张云伟，2013），进一步消减了空间障碍，加深了科技园区基于产业链上下游之间的合作，为跨园区技术转移创造了条件。通过 FDI，跨国公司往往作为技术守门员，将从园区外获取的技术信息不同程度地向园区内企业传播。在全球层面上，这意味着促进了技术信息在不同科技园区之间的传递、转译、融合，客观上促进了先进技术的萌发和应用。

（三）基于人脉联系的协同

在科技园区全球生产网络中，协同作用主要由科技园区内的人员所推动。生产网络中的人脉联系作为全球化的产物，扮演着带动资源在全球流动的重要角色。一是基于共同的文化背景、制度背景、亲友或其他类型的社会联系（Granovetter，1973）所建立的人脉联系，如全球分散的犹太人形成的个人关系以及我国的华人网络等。二是处于同一产业和产业链上下游产业中的人员基于业务往来所产生的更进一步的联系，如具有丰富专业知识及工作经验的人基于共同的原则和价值观而形成的技术社区等。这种人脉联系衍生出以创业者跨区域流动为主要特征的跨区域创业模式，以及"空中飞人"等现象（王成刚，2011），丰富了科技园区全球协同作用的渠道，更进一步增加了科技园区全球协同发展的效果。

四、中国科技园区的全球协同发展分析

（一）中国科技园区已具备全球协同发展的基础条件

在经历了四个阶段的发展之后，当前中国科技园区已经越来越深地嵌入全球生产网络之中。北京中关村、上海张江、武汉光谷、台湾新竹等均与美国硅谷、日本驻波等科技园区建立了紧密的联系。如上海张江高科技园区基于 IC 产业与美国硅谷、台湾新竹科学工业园区的协同作用（赵建吉，2011；张云伟，2013）等。凭借嵌入全球生产网络，中国科技园区从世界科技园区获得了重要的产业推动，并逐步向全球产业高端发展。

（二）国家层面的推进为科技园区全球协同发展奠定了基础

2010～2011 年间，为推进科技园区的发展，国家和各地政府部门出台了《中关村国家自主创新示范区企业股权和分红激励实施办法》、《武汉东湖新技术开发区科学技术研究与开发资金管理办法》、《关于推进张江核心园建设国家自主创新示范区若干配套政策》等一系列政策文件，着力通过释放政策红利，不断加强科技园区建设。2013 年 4 月 26 日《科技部、北京市人民政府关于建设国家技术转移集聚区的意见》发布，正式提出建设国家技术转移集聚区。同年 9 月 13 日，国家技术转移集聚区在中关村西区正式揭牌，以中关村

国家自主创新示范区为核心，通过实施精准技术转移等全要素资源配置，打造全国高新区面向国内外的资源对接平台（邓淑华，2014）。正是在国家的大力支持下，科技产业蓬勃发展，为中国科技园区的全球协同发展创造了有利条件。

（三）人脉联系是中国科技园区全球协同发展的关键

对中国来说，建立科技园区全球协同发展是建设创新型国家的关键，其中的核心是充分利用人脉联系、通过科技园区全球生产网络实现与世界技术极的链接。FDI（杜德斌，2009）、跨区域创业（王成刚，2011）、研发联盟等都是中国科技园区密切全球范围人脉联系的重要方式。通过这些人脉联系，科技园区内产业集群和高技术企业能够与世界高科技"尖峰"形成资源环流，打破空间障碍和区域束缚，充分发挥自身比较优势。目前，中关村、上海张江等科技园区也已逐渐成为科技园区全球生产网络中的"尖峰"。

第四节　科技园区地方协同发展分析

一、科技园区地方生产网络系统的内涵及特征

科技园区内部和附近的企业、地方政府、科研机构和高等院校、投资机构、中介机构等经济主体通过经济活动形成的具有园区特性的生产联系的总和，就是科技园区生产网络。其一般属于非原生型地方生产网络，是科技园区地方生产网络系统构成的基础。

科技园区地方生产网络系统是指由区域范围内多个科技园区生产网络彼此交织而形成的网络系统。第一，在区域范围内多个科技园区之间，形成了多个科技园区生产网络，这些生产网络彼此交叉重叠，构成了科技园区地方生产网络系统。第二，在此系统中，不同科技园区的企业可能属于同一生产网络，同一科技园区的企业也可能属于不同生产网络。第三，科技园区与生产网络交织在一起，生产网络以一个个科技园区为核心组成部分，科技园区嵌入到一个个生产网络之中。这种形态的生产网络与一般的生产网络相比具有特殊性，包括政府引导性、资源集聚性、文化融合性和发展方向性。

（一）政府引导性

与其他自然形成的生产网络不同，科技园区地方生产网络系统具有明显的政府烙印。从园区网络的形成上看，地方政府一直起着重要的引导作用，从科技园区的规划建设、园区企业的引入到对入园企业进行甄别和管理，一般均由地方政府主持或引导参与。在科技园区生产网络中，地方政府具有较大的网络权力。在引入谈判过程中，政府与企业达成了一系列条件，这些条件对入园企业行为进行了多方面的限制，比如上缴税收总额、企业总出口额占总销售额的比例等。在园区生产网络的运转过程中，企业也受到园区管理委员会的制约。

（二）资源集聚性

科技园区地方生产网络系统具有极强的资源汇聚能力。科技园区大多由政府规划，通过发挥资金的杠杆效应进行建设。合理的规划、优惠政策、园区大型企业的品牌效应和企业聚集所产生的规模经济，吸引了大量资源在园区生产网络中汇聚。科技园区生产网络中有大量具有创新能力但规模较小、资金缺乏的企业，吸引了大量风投资金的进入。园区企业的聚集创造了大量就业机会，吸引大量优秀人才的汇聚。园区引入的科研机构和园区附近的高等院校为园区提供了大量智力支持，使园区生产网络汇聚了大量创新资源。园区网络信息平台的建立和园区之间的联系促进了信息资源在园区生产网络间的汇聚和流动。在进行资源汇聚的同时，生产网络通过资源共享促进资源在生产网络中的流动，使资源集中在具有竞争力和发展潜力的产业和企业，形成科学合理的资源配置，提高资源利用率。

（三）文化融合性

科技园区地方生产网络系统具有文化融合性。科技园区的文化来源分为三部分。一是园区所引入的外地区企业所具有的文化，即外来文化；二是园区本土企业所具有的文化，即本土文化；三是园区与政府相关部门相互作用所形成的文化，即政府文化。外来文化更多地带有企业迁出地的社会文化特征，结合我国科技园区的实际情况看，引入企业在企业制度文化、企业氛围上更加具有国际性。本土企业文化更具有地方背景，具有地方根植性，我国园区的本土企业更加注重企业精神和社会联系。园区的政府文化既带有体制内的行政色彩，又在与外来企业和本土企业接触的过程中吸收了一定的市场元素，是行政文化与市场文化的结合。在科技园区地方生产网络系统中，外来文化、本土文化和政府文化相互渗透融合，形成了独特的文化特性。

（四）发展方向性

科技园区地方生产网络系统具有较为明确的发展方向。在科技园区中，政府对于园区发展具有一定的规划。政府根据园区自身情况确定主要的发展领域，从而确定园区的主导产业和配套产业。通过技术引入与合作开发，使主导产业中的企业学习掌握关键性的前沿技术，逐渐具有独立研发创新的能力。园区的主要资源更多地投入到主导产业中，主要发展方向也是主导产业最具发展潜力的领域。虽然有时科技园区的发展方向会根据园区实际情况进行相应的调整，但基本方向一般不会产生根本性改变。

二、科技园区地方协同发展的内涵

对于科技园区地方生产网络系统，系统内各要素包括各园区、企业、相关政府职能部门、大学及科研机构、投资机构、中介机构等。这些要素也有两种主要的运动方式：一种是各要素自发的独立的运动；另一种是相互作用、相互影响的关联运动。根据两种要素运动强弱的不同，可以将科技园区地方生产网络系统分为三个阶段。

（一）低级协同发展阶段

系统处于低级协同发展的状态时，各要素以自身的发展为主要目的，企业之间、园区之间存在激烈的竞争，各园区、产业、企业之间缺乏相互作用，整个系统处于一种混乱无序的状态，这种无序导致了系统的发展动力无谓消耗、发展潜力未能充分发挥。

（二）中级协同发展阶段

系统处于中级协同发展的状态时，各要素不仅关注自身的发展，也开始关注彼此的联系，开始产生良性竞争和分工合作。但是由于各要素独立发展仍处于主导状态，园区之间、企业之间的竞争仍产生了相当程度的无谓消耗。园区和企业之间的合作程度较低、范围较小，各园区的产业仍存在定位重叠、功能重叠的现象。系统中存在部分有序变量，但整体仍呈现出无序状态。

（三）高级协同发展阶段

系统处于高级协同发展的状态时，企业之间存在良性竞争，企业合作程度较高、范围较广。园区产业处于错位发展、优势互补的状态。系统中无谓消耗较少、发展动力因子十分活跃、发展潜力得到充分发挥，整体处于协调有序的可持续发展状态。

根据上述理论分析，本书赋予科技园区地方协同发展以下内涵：科技园区地方协同发展是指在科技园区地方生产网络系统中，各园区、企业、相关政府职能部门、大学及科研机构等组成要素之间优势互补、协调合作，发展活力得以充分释放、发展潜力得以充分发挥，使得系统整体发展大于各要素独立发展之和，形成有序运作的协同发展状态。

三、科技园区地方协同发展的特征

（一）有序性

有序性是科技园区地方协同发展的本质属性。在科技园区地方协同发展过程中，同一园区内部发展要素之间以及不同园区发展要素之间趋向一种动态的平衡。在这种平衡状态下，各科技园区的发展要素以一定的规则产生效果，相互之间不产生负的外部性，各要素对科技园区的发展效用得以充分发挥，形成科技园区发展的合力。在整个科技园区地方生产网络系统中，科技园区协同作用的程度越高，系统中的无效能量和无效表现越少，系统的熵值越低，有序度越高；反之，科技园区协同作用的程度越低，系统中的无效能量和无效表现越多，系统的熵值越高，有序度越低。

（二）合作性

合作性是科技园区地方协同发展的必然要求。在科技园区地方协同发展过程中，不同科技园区之间进行着多主体、多层次、多角度的合作。从合作主体上看，包括不同园区之间的企业、科研机构、投资机构、中介机构，以及园区管理委员会和区域内的政府相关部门。从合作方式上看，包括不同园区同一类型主体之间的合作，如不同园区的企业基于产业链上下游之间的关系进行的分工合作，也包括不同园区不同类型的主体之间的合作，如 A 园区的科研机构为 B 园区的企业提供技术支持。从合作主体之间的权力关系上看，包括平等合作，即合作主体之间拥有对等的权力，也包括非平等合作，即合作主体之间拥有不对等的权力。通过各园区之间的合作，各园区发展要素得以相互匹配，要素的内生动力和外部效应得以充分发挥，更加有力地促进了科技园区的发展。

（三）功能放大性

功能放大性是科技园区地方协同发展的现实意义。科技园区通过协同发展，各园区发展要素合理配置、相互促进，系统整体功能得到放大。科技园区地方生产网络系统的整体发展能效大于单个科技园区的发展效果之和，实现了 $1 + 1 > 2$ 的非线性发展。正是由于协同发展具有功能放大性，科技园区之间才需要进行协同作用，实现科技园区共同发展。

四、科技园区地方协同发展模式

地方生产网络和科技园区重叠交织的特殊形态为科技园区之间的协同作用提供了基本框架，在此基础上形成了科技园区地方协同发展的独特模式。科技园区地方协同发展模式包括企业协同模式和园区协同模式两种。在科技园区地方生产网络系统中，位于不同科技园区的企业主体之间进行的协同作用即为企业协同，包括生产协同、销售协同、创新协同、资本协同和品牌协同；园区主体之间的协同作用即为园区协同，包括产业协同、功能协同、服务协同和品牌协同。

（一）企业协同

1. 生产协同

生产协同是指网络主体围绕产品生产过程所进行的协同。在科技园区地方生产网络系统中，领导厂商和供应商是生产协同的主要发起者。领导厂商是一个生产网络中的核心主体，掌控着生产网络的关键资源与核心技术；供应商是为领导厂商提供生产原料或半成品的企业，分为主要供应商和次级供应商。领导厂商从主要供应商购买原材料和半成品，主要供应商会把一部分生产任务进行分包，交给次级生产商去完成。在产品制造过程中，领导厂商和主要供应商之间可以进行中间产品研发合作、生产工艺改进合作、后勤渠道共享、基础设备共享等方面的联合。主要供应商和次要供应商之间存在竞争关系，也存在合作关系，两者之间的良性竞争与合作有助于促进各自的发展。主要供应商和次要供应商可以进行改进生产工艺、人员交流和共享仓储及物流渠道等方面的合作。生产主体相互之间的协同作用有助于企业提高创新能力、降低生产成本和运输成本、提高生产效率，当协同的主体处于不同科技园区时，企业之间的生产协同促进了科技园区的协同发展。

2. 销售协同

销售协同是指网络主体围绕产品销售过程所进行的协同。在科技园区地方生产网络系统中，领导厂商与经销商是市场协同的主要发起者。领导厂商向经销商提供产品，经销商通过让消费者获得所需的产品而获得利润；同时，经销商根据产品销售情况对领导厂商进行反馈，领导厂商根据反馈情况进行战略调整、产品改进，使之更加适应市场需求。领导厂商与经销商之间、经销商与经销商之间可以共享市场情报，取得更为全面、及时、准确的市场信息，做出更为合理的战略计划和销售计划；可以共享销售渠道，向顾客提供产品组合，通过对共同目标人群的吸引产生 $1+1>2$ 的营销效果；可以共享网络平台，通过对网络信息、网上销售平台的共享，促进产品的网络传播；可以共享服务网络，通过服务网点的整合丰富服务网点的功能，减少建立新网点的费用，降低服务成本。一般来说，购买领导型公司会更多地进行销售协同，其产品的可替代性较高，销售人员较多，销售网络覆盖全面，具有较强的终端销售能力。销售协同有助于企业降低物流成本、了解客户需求、减少营销支出、做出科学决策。当协同的主体位于不同科技园区时，企业之间的销售协同带动了科技园区的协同发展。

3. 创新协同

创新协同是指网络主体围绕技术创新和制度创新所进行的协同。在科技园区地方生产网络系统中，高等院校和科研机构、具有一定资金规模的大型企业和高技术企业是创新协同的主要发起者。高等院校和科研机构为大型企业提供科技研发、智力支持和人才培训等服务；大型企业为高等院校和科研机构提供资金支持、实验基地和成果转化平台。两者之间的协同作用有利于企业创新能力的提高和科研机构的成果转化。高等院校和科研机构与大型企业的研发部门进行联合研发、技术交流，取得的成果由参与者共享。进行创新协同时，协同的主体之间一般具有产品关联性，即其所提供的产品和服务具有一定程度的相似性。当创新协同的主体位于不同的科技园区时，企业之间的创新协同促进了科技园区人力资源素质和创新能力的提升。

4. 资本协同

资本协同是指网络主体围绕资金募集所进行的协同。在科技园区地方生产网络系统中，投资机构、金融机构、具有资本优势的企业，以及具有发展潜力的企业是资本协同的主要发起者。投资机构、金融机构和具有资本优势的企业为具有发展潜力的企业募集资金，向其提供发展所需要的资金保证，也使得自身的资本具有增值的可能。随着借款企业的发展，在一定的阶段，资本输出方取回利息和本金。通过资本协同，具有发展潜力的企业得到更好的发展，资本输出方获得资本回报。当资本协同的主体位于不同的科技园区时，资本协同的发生带动了科技园区之间的资本流动。

5. 品牌协同

品牌协同是指网络主体围绕品牌所进行的协同。在科技园区地方生产网络系统中，拥有较高品牌价值的企业和与其具有产业链上下游关系或产品相关性的企业是品牌协同的主要发起者。鲁斯和西蒙尼（Ruth and Simonin，1998）认为品牌协同是将品牌的内涵、外延、顾客认知等品牌资产进行结合，包括两个品牌的结合和多个品牌的结合①。具有产业链关系和产品相关性的企业可以进行品牌联合，如将两个品牌合并为一个品牌；或进行品牌输出，如 A 公司使用 B 公司所拥有的品牌。通过品牌联合，品牌的影响力得到扩大、品牌价值得以提升，进行品牌联合的公司获得品牌增值的收益；通过品牌输出，输出公司得到了规模扩大的机会，输入公司得到了较高顾客认知度的品牌，产品附加值得以提升。当进行品牌协同的公司位于不同的科技园区时，企业的品牌协同促进了科技园区的协同发展。

（二）园区协同

1. 产业协同

产业协同是指区域范围内多个科技园区之间，根据自身主导产业、支撑产业和配套产业的特点，根据自身的区位优势、资源禀赋、文化特点等因素，通过产业之间的协同合作，形成资源多向流动、竞争优势互补、产业共同发展的良好局面。

---

① Simonin B. L. , Ruth J. A. Is a Company Known by the Company it Keeps? Assessing the Spillover Effects of Brand Alliances on Consumer Brand Attitudes [J]. Journal of Marketing Research，1998，35（1/2）：30 – 83.

在科技园区地方生产网络系统中，每个科技园区根据自身的实际情况进行产业集聚，具有产业关联性与优势互补性的科技园区之间，可以进行产业合作，形成区域产业协同效应，增强彼此的竞争优势。科技园区的产业关联性既可以是同质产业间形成规模经济优势，也可以是不同产业间形成范围经济优势。不同产业间的合作包括：（1）第一产业、第二产业、第三产业之间的合作；（2）资本密集型产业、劳动密集型产业、知识密集型产业之间的合作；（3）形成期产业、成长期产业、成熟期产业、衰退期产业之间的合作；（4）产业链上下游以及衍生产业链上的产业之间的合作。通过这些不同方面的产业协同，不同科技园区之间可以形成多层次、多节点的关系网络，加大信息和资源的交换速度与交换量，形成科技园区地方生产网络的整体产业竞争优势，完善地方生产网络的产业结构，推动区域范围内科技园区的整体发展。

2. 功能协同

钟书华（2004）将科技园区的功能分为基本功能、一般功能和特殊功能三种。基本功能包括研发功能、孵化器功能和产业开发功能；一般功能包括集聚功能与辐射功能、吸纳功能与技术创新功能、融合功能与城市化功能、教育功能与示范功能；特殊功能来源于科技园区的主导产业，仅存在于主导产业突出的科技园区中[①]。科技园区的功能协同是指在科技园区地方生产网络系统中，园区主体的基本功能、一般功能和特殊功能与园区实际有机结合，在整个科技园区地方生产网络系统内进行合理配置、统筹安排，实现园区功能错位和功能互补。例如，将孵化器功能、研发功能和产业开发功能集中于不同的科技园区，企业在以孵化器功能为主的科技园区中进行培育发展，等到具有一定的规模后转移到以研发或产业开发为主的科技园区进行发展。

3. 服务协同

服务协同是指在科技园区地方生产网络系统中，多个园区主体基于服务提供而产生的协同。一是科技园区通过服务差异引导企业在不同园区之间合理配置。各科技园区根据自身的特点提供相关服务，吸引符合园区要求的企业进入，具有不同特点的企业入驻与其发展情况相适应的科技园区，形成科技园区独特的产业集群。二是具有先行优势的科技园区向后行园区提供服务输出。具有先行优势的科技园区向后行的科技园区介绍经验、提供咨询，减少后行园区的发展成本，同时提高自身的知名度。

---

① 钟书华. 科技园区管理 [M]. 北京：科学出版社，2004：34 – 53.

4. 品牌协同

品牌协同是指科技园区围绕品牌所进行的协同。在科技园区地方生产网络系统中，知名度较高、品牌附加值较高的科技园区与知名度较低的科技园区进行品牌联合。在进行品牌共享之后，前者向后者提供品牌、资金、管理、技术方面的支持。通过这种方式，一方面可以扩大品牌影响力，提高品牌的附加值；另一方面可以促进知名度较低的园区的发展，取得双赢的效果。上海市 P 区知名的创意园区 M 园与 TP 园进行的品牌共享就是园区品牌协同的一则范例。

五、科技园区地方协同发展机理

（一）资本流动

1. 科技园区协同作用产生资本流动

科技园区地方生产网络系统中的资本流动主要有四种方式：一是领导厂商与供应商、经销商之间协同作用产生的资本流动；二是投资机构、金融机构与企业主体之间协同作用产生的资本流动；三是高校和科研机构与企业主体之间协同作用产生的资本流动；四是政府和企业主体、科研机构、中介机构之间协同作用产生的资本流动。

第一种流动方式中，资本流动伴随着产品流动。领导厂商向主要供应商和次级供应商购买产品，资本从领导厂商流向主要供应商和次级供应商，产品从主要供应商和次级供应商流向领导厂商；领导厂商向主要经销商提供产品，资本从主要经销商流向领导厂商，产品从领导厂商流向主要经销商。

第二种流动方式中，投资机构和金融机构为企业募集资金，资本从金融机构和投资机构流向贷款企业。随着贷款企业的发展，投资机构收回成本并取得收益，这时候资本从贷款企业流向金融机构。

第三种流动方式中，资本流动伴随着知识流动。领导厂商、主要供应商、主要经销商向高等院校和科研机构购买先进技术，资本从企业向高等院校和科研机构流动，先进知识由"技术势能"较高的高等院校和科研机构向"技术势能"较低的企业流动。

第四种流动方式中，资本流动是政策优惠的一种形式。政府设立扶持资金支持高技术产业的发展，资本从政府流向被扶持的高技术企业。与投资机构和金融机构为企业募集资金不同，政府投入资金对企业进行扶持并不要求企业归还，这种资本流动是一种单向流动。

2. 资本流动促进科技园区的发展

科技园区间的协同作用促进了科技园区地方生产网络系统中资本向园区主导产业和竞争优势产业集聚，通过资本"黏性"引导其他生产要素在这些产业汇聚，推进科技园区产业结构优化升级。同时，资本流动在科技园区间形成稳定的网络通道，增强了科技园区联系的紧密度，进一步加深了科技园区协同作用的程度。

科技园区的资源汇聚作用有利于吸引资金进入地方生产网络。资本的流动性来源于资本的逐利性，资本总是从收益较低、风险较高的地区向收益较高、风险较低的地区流动。科技园区中的主导产业、创新优势产业、高科技产业等具有较高的发展前景，相应的投资优势也更为明显，可以从资本流入中获得更多的发展。科技园区的优惠政策也具有较强的资本吸引力。科技园区所申报的项目更容易列入政府财政资助项目，园区的创新产品同等条件下更容易获得政府采购，科技园区企业更容易获得政府税费方面的减免，这些优惠政策使得园区企业的经营成本相对园外企业更有优势，也更容易获得投资①。

协同作用产生的资本流动有利于科技园区间的资本优化配置，促进园区产业结构调整升级。资本在科技园区生产网络系统中流动时，基于自身的逐利特性，会逐渐向资本报酬率高的企业汇聚。在科技园区中，掌握先进理念和关键技术的高科技企业、生产网络中权力较高的领导厂商以及掌握大量资金的金融机构和投资机构具有高的资本报酬率，也是资本汇聚之处。通过资本汇聚，科技园区的主导产业和优势产业可以获得大量资金支持，有利于其进一步发展壮大。同时，资本具有"黏合"效应，资本流动会引起资本市场供求关系的变化，进而引起生产要素市场和产品市场的供求关系变化，引导生产要素和产品向资本集聚的区域流动。在"黏合"效应的作用下，其他生产要素和产品也会向科技园区的主导产业和优势产业聚集，进一步推进其发展。资本报酬率较低的企业和部门会面临着生产要素不断流失的局面，逼迫其提高制度创新能力和科技创新能力、掌握先进理念和核心技术，以提高资本报酬率。在这个过程中，能够成功进行创新、掌握先进理念和核心技术的企业得以存活，创新能力较弱、难以掌握先进理念和核心技术的企业被市场淘汰。通过优胜劣汰，科技

---

① 张云伟. 跨界产业集群之间合作网络研究［D］. 上海：华东师范大学，2013：65 - 66.

园区产业进行重组,产业结构得以优化升级。

科技园区地方生产网络系统中的资本流动有助于形成科技园区间稳定的网络通道,加强科技园区之间的联系,加深科技园区协同作用程度。科技园区间资本流动伴随着产品流动和知识流动,通过资金流、产品流和知识流,生产网络各主体之间形成利益关联、结成生产联系,形成生产网络中稳定的联系通道。生产网络中的生产要素和其他要素通过这些通道进行流动,进一步加深了科技园区之间的联系,有助于增强科技园区协同作用的效果。

(二)劳动力要素流动

1. 科技园区协同作用产生劳动力要素流动

科技园区地方生产网络系统的劳动力要素流动主要有五种方式:一是在领导厂商与主要供应商之间双向流动;二是在领导厂商与主要经销商之间双向流动;三是在投资机构、金融机构与企业主体之间双向流动;四是在高等院校和科研机构与企业主体之间双向流动;五是在政府与企业之间双向流动。

第一种流动方式中,劳动力要素的流动主要基于领导厂商与主要供应商在生产工艺方面的相关性。领导厂商向主要供应商购买原材料或半成品进行生产加工,两者在生产工艺方面具有较强的相关性,掌握相关加工技术的人员易于在两者之间进行双向流动。

第二种流动方式中,劳动力要素的流动主要基于领导厂商与主要经销商在产品销售方面的相关性。领导厂商向主要经销商提供产品,经销商负责进行产品分销,两者在产品销售方面具有较强的相关性,易于进行相关合作如共享仓储基地、共享物流渠道、共享品牌等。在两者进行分工合作的领域,物流和销售人员易于进行双向流动。

第三种流动方式中,劳动力要素的流动主要基于投资机构、金融机构与企业在资金募集方面的相关性。投资机构和金融机构为企业募集资金,通过收入佣金或股权交易获得回报。在两者进行协同作用的金融领域,金融人才易于进行双向流动。

第四种流动方式中,劳动力要素的流动主要基于高等院校、科研机构与企业主体在科技创新方面的相关性。这种科技创新主要有两种方式:一是企业向高等院校和科研机构购买关键技术或产品专利;二是企业出资、高校和科研机构以技术入股组建新的公司。在协同过程中,具有较强科技创新能力、掌握核心技术的研发人才易于在两者之间进行流动。在实际中,由于企业的劳动报酬率远高于高校和科研机构，更多表现为研发人才从后者向前者的单向流动。

第五种流动方式中，劳动力要素的流动主要基于政府与企业在综合管理方面的相关性。政府对于企业具有引导、扶持和监督的职能，熟悉相关政策的政府工作人员是企业急需的人才，鉴于企业具有高于政府部门的劳动报酬率，政府工作人员具有流向企业的可能性。同时，政府也需要具有丰富企业管理经验的人才制定相关政策，但鉴于国内实际情况，企业管理人才向政府部门流动仅存在于国有企业之中。

2. 劳动力要素流动促进科技园区的发展

劳动力要素的流动对科技园区发展具有直接影响，合理有效的劳动力配置对科技园区发展具有促进作用；同样，不合理的劳动力配置会对科技园区发展产生负面影响。科技园区间的协同作用可以促进劳动力要素在科技园区间的流动，形成科学合理的劳动力配置格局，充分发挥人才的作用，提高人才使用效率，推动劳动力资源为科技园区发展服务。

科技园区的协同作用为劳动力资源在科技园区地方生产网络系统的流动创造了条件。一是为劳动力资源提供了更多的选择机会。原本劳动力的工作范围仅仅局限于某一个园区，在科技园区地方生产网络系统形成之后，劳动力资源可以通过科技园区的协同作用在不同科技园区之间流动，选择范围得到了极大的扩展。同时，不同园区间企业合作创造出新的工作领域，从另一方面丰富了员工的选择。二是扩宽了人才交流渠道。企业之间的人才交流范围得到扩大，不同领域、不同行业间的人才交流更加频繁，交流的层次也更加丰富，从研发人员、生产人员到销售人员，从基层员工到中高层人员，都可以进行人才交流，极大地促进了生产网络中劳动力的流动[①]。

科技园区的协同作用能够促进劳动力资源在科技园区地方生产网络系统中流动，有助于优化科技园区间劳动力资源配置，推进科技园区产业结构升级。劳动力资源一般是从科技园区中劳动报酬率较低的部门向劳动报酬率较高的部门流动。劳动报酬率较低的部门一般处于衰退期，其发展模式较为落后、创新能力较弱、企业竞争力不强；劳动报酬率较高的部门一般为新兴产业部门，具有先进的发展理念，与先进科技相结合，代表着当时产业发展的前进方向。劳动力资源向具有先进发展理念、先进科技、先进文化的产业聚集，可以为先进产业的发展提供深厚的人才储备和智力支持，有助于推进先进产业的发展和落

---

① 黄昭昭. 三次产业协同带动研究［D］. 成都：西南财经大学，2011：44-45.

后产业的淘汰，加速科技园区的产业升级。

劳动力资源在科技园区生产网络系统中的流动，促进了智力资源向先进部门集聚、先进技术和理念在科技园区间传播，有助于提高科技园区创新能力。劳动力资源流向先进部门，促进了智力资源向创新领域聚集，有利于实现更为丰富的智力碰撞、产生更多的智力火花、转化出更多的创新成果，加速形成并进一步扩大科技园区的创新优势。同时，劳动力资源在生产网络中往往沿着产业链向上下游部门或衍生产业链部门流动。由于这些部门存在着较强的产业相关性，劳动力更换部门后其原来的知识、技能、经验仍然可以发挥较大作用，有利于先进技术和理念在科技园区间的传播，提高科技园区的整体创新能力。

（三）知识要素流动

1. 科技园区协同作用产生知识要素流动

科技园区地方生产网络系统中知识要素流动主要有三种方式：一是在创新势能较高的高等院校和科研机构、大型企业的研发部门和掌握先进技术的高科技企业之间流动；二是从创新势能较高的部门向创新势能较低的中小型企业、投资和金融机构流动；三是在创新势能较低的部门之间流动。

第一种流动方式中，知识要素通过高等院校和科研机构、大型企业的研发部门和掌握先进技术的高科技企业之间的创新协同进行扩散，这是科技园区间知识流动的第一阶段。在该阶段，具有高度创新能力的部门通过专项合作、技术交换等方式进行创新合作，在获得新的知识之后，通过将之与自身所在的领域进行融合进行二次创新，进一步提高自身的创新能力。

第二种流动方式中，知识要素的扩散通过创新势能较低的部门与创新势能较高的部门进行技术交易来实现，这是科技园区间知识流动的第二阶段。在该阶段，创新势能较高的部门是知识提供者，而创新势能较低的部门是知识接受者，扩散呈单向流动态势。这种知识要素的流动往往伴随着资本的反向流动。

第三种流动方式中，知识要素的流动通过创新势能较低的部门之间进行技术交易和专利购买来实现，这种知识扩散是科技园区间知识扩散的最后阶段。在该阶段，中小企业等创新势能较低的部门向创新势能较高的部门购买先进技术，再向其他中小企业或机构出售。由于该阶段知识流动所经过的网络节点较多，存在一定的知识变异和知识融合，此时的知识要素与第一阶段流动的知识要素具有一定的差异。

2. 知识要素流动促进科技园区的发展

知识要素的流动是知识通过空间进行传播的过程。知识的扩散可以使不同区域、不同产业间的技术和理念发生碰撞，在某一领域造成突破性进展。科技园区协同作用能够促进知识在不同产业、不同区域间的流动，加快知识流动速度，加深流动广度，促进技术创新的发展。

随着一项具有价值的理念、理论、技术等知识的出现，知识发源地与周围区域之间形成了"知识势差"。在势差的作用下，知识通过不同行业、不同区域、不同人群，由发源地向周围区域扩散。知识扩散有三种类型：一是扩展扩散，即以知识发源地为中心向周围扩散，在空间上表现出连续性。扩散效果与到达中心的距离具有负相关性，距离越近扩散效果越明显。二是等级扩散，即知识扩散通过一定的等级进行，包括区域等级、产业等级、企业等级和个人等级。扩散效果与等级具有正相关性，即等级越高，扩散效果越明显。三是位移扩散，即随着拥有该知识的单位移动所引起的扩散。位移扩散与扩散单位的位移程度和辐射程度具有正相关性，扩散单位移动范围越大、辐射程度越高，知识扩散范围越广①。

科技园区间的知识流动源于高新技术的稀缺性和重要性。在技术飞速发展的当今社会，先进技术的开发时间和成果转换率决定着一个企业的成败，而高新技术的生产和研发需要大量的资金、人力和时间，前期投入巨大。这就决定了高新技术的稀缺和重要，也决定了高新技术的传播价值。

科技园区地方生产网络中的知识扩散流动促进了科技园区的发展。同一产业内部的知识流动有助于在区域范围内形成产业技术优势，与周围区域的同质产业形成"技术势差"，在技术领域取得领先地位，并把技术优势扩展成为整体优势。不同产业之间的知识扩散有助于相互借鉴，通过智慧碰撞爆发灵感，形成新的技术成果，促进产业发展变革。同时，通过知识扩散形成科技园区间稳定的沟通渠道，增强了科技园区间联系的紧密程度，有利于科技园区协同作用产生更加良好的效果。

科技园区地方协同发展的机理如图 3 - 1 所示。

---

① 张愉等. 高新技术产业知识溢出的作用机理研究 [J]. 科技与管理，2010（12）：38 - 42.

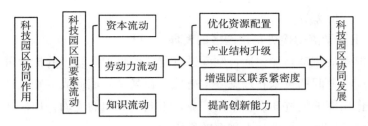

图3-1　科技园区地方协同发展机理

资料来源：作者自行整理。

六、科技园区地方协同发展演化阶段

（一）孕育阶段

在孕育阶段，科技园区地方协同发展处于低级协同状态。科技园区的企业不满足于园区内部的分工合作，开始寻找跨园区的合作伙伴。不同科技园区之间的企业联系开始出现，跨园区的生产网络开始形成。科技园区之间的联系渠道较为单一，联系程度较弱，多以大型企业基于产业链上下游的联系为主。生产要素多在科技园区内部流动，跨园区的要素流动几乎不存在。科技园区之间的协同作用源自于企业自发产生的驱动力，来自于不同园区企业在利益驱使下基于市场作用而进行的简单分工合作。

（二）发展阶段

在发展阶段，科技园区地方协同发展处于中级协同状态。科技园区之间的联系逐渐增多，部分企业开始在其他园区拥有较为稳定的合作伙伴，科技园区之间的生产网络已经具有一定的规模。科技园区之间逐渐产生较为稳定的联系渠道，渠道类型开始增多。生产要素开始在园区之间流动，但具有较大的不平衡性。比如，资本要素在 A 园区和 B 园区之间流动较多，人力资源要素在 C 园区和 D 园区之间流动较多，但 A 园区和 C 园区之间几乎没有任何资源要素的流动。在该阶段，科技园区产业聚集已呈现出一定规模，政府开始根据不同科技园区的实际情况进行引导，促进资源流动和协同作用效果。因此，这一阶段科技园区的协同作用很大程度上源于政府的主导，政府和企业成为驱动科技园区地方协同发展的主要因素。

（三）成熟阶段

在成熟阶段，科技园区地方协同发展处于较高等级的协同状态。科技园区之间的联系较多，相当数量的企业在其他园区拥有稳定的合作伙伴，跨园区的生产网络的覆盖范围进一步扩大，多个生产网络交织而形成的地方生产网络系统开始形成。科技园区之间具有种类丰富的稳定的联系渠道，渠道本身的社会根植性增强。科技园区之间的生产要素流动较多，流动平衡性增强，大部分生产要素的流动范围包含几乎所有的科技园区。科技园区之间的协同作用源于园区、政府和企业的多要素共同驱动。

第五节　小　　结

本书认为，科技园区地方协同发展以企业跨园区的经济活动为基础，以地方生产网络为通道，通过经济资源和生产要素在科技园区之间的流动来实现。因此，生产网络在科技园区地方协同发展过程中起着重要作用。本章着重介绍了科技园区与生产网络的关联，说明了科技园区对生产网络发展的载体和促进作用，以及生产网络与科技园区重叠交织的复杂形态，这也是本书进行科技园区地方协同发展分析的基础。在协同原理方面，本章依次对科技园区地方协同发展的概念、模式、机理和演化阶段进行了较为全面的分析，以期能够形成一个较为完整的理论体系。

第四章

科技园区地方协同发展的影响因素

科技园区地方协同发展受到各方面因素的影响。根据对相关文献的梳理和实地调研，本书将这些因素按层级归纳为区域因素、园区因素、产业因素、企业因素和资源因素五个方面。本章着重分析这五方面因素对科技园区地方协同发展的影响机理。

第一节 区域因素

一、区域经济发展水平

区域经济发展水平从宏观上制约着区域内科技园区企业的数量和优质程度，以及以此为基础所形成的科技园区地方生产网络系统的成熟度，进而影响在此基础上的科技园区地方协同发展情况。

经济发展水平较高的区域往往能够汇聚更多的优质资源，包括更多的资金流入、更高水平的高等院校和科研机构、更先进的管理理念和创新理念、更为准确全面的信息等。优质资源的汇聚会吸引更多优质企业汇聚。刘定平（2005）的研究表明，中小企业的数量、创新能力、发展速度等因素与所在区域的经济发展水平存在明显的正相关性。贺灿飞（2007）等研究表明，由于大都市区具备更为优质的金融、信息、技术、市场、城市基础设施等区位环境因素，企业总部往往在大都市汇聚。李仙德（2012）认为中国制造企业在总部区位选择上尤其重视所在城市的城市规模，以及金融、市场、科技和信息等因素。

优质企业的聚集程度决定着地方生产网络的形成及演化，在企业集中度未达到一定阶段之前，地方性生产网络难以建立，企业之间及园区之间难以产生协同作用。只有园区内部聚集了相当规模的不同类型的优质企业，在区域内形成以园区和企业为节点的地方性生产网络，企业、园区才能够通过生产网络进行协同作用，促进区域内科技园区的发展。

同时，经济发展水平较高的区域能够通过加大财政投入为园区和企业提供更多的优质服务。这些服务一方面对区域内企业产生"黏性"，吸引更多的企业进入区域内的科技园区，增强科技园区整体实力；另一方面促进了地方性生产网络中资源的流动，提高了网络运行效率，为科技园区地方协同发展提供了更为稳定的通道。通过这两方面的作用，区域内科技园区的协同作用效果得以增强。

二、区域文化环境

文化可以被视为某一区域内人与人交往过程中形成的共同价值理念和规则体系，以及在其影响下的人与人之间的关系①。在不同的区域，地理环境和历史发展的不同造就了根植于当地的特殊的文化，即区域文化。霍夫斯蒂德（Hofstede，2004）的文化模型将价值体系分为权力距离（Power Distance）、不确定性规避（Uncertainty Avoidance）、个人主义（Individualism）和刚性（Masculinity）四个维度②。徐涛（2010）根据区域经济文化的内容与性质，将区域经济文化分为合作、开放、信用三种宏观文化维度和创业精神、创新意识、流动性偏好三种微观文化维度③。

徐涛（2010）认为，优性区域文化可以提高区域企业的"质"和"量"。一方面，优性区域文化可以提高区域内人群的创业精神和机遇敏感性，引导更多的本地人创建企业，提高本土企业尤其是高技术企业的数量和质量。另一方面，优性区域文化可以提高政府运行效率，减少不合理的政策规定，培养适于

① 柯武刚，史漫飞. 制度经济学：社会秩序与公共政策 [M]. 韩朝华译. 北京：商务印书馆，2000.

② Bing，J. W. Hofstede's consequences：The impact of his work on consulting and business practice [J]. Academy of Management Executive，2004，18（1）：80 - 87.

③ 徐涛. 区域经济文化与区域企业成长 [J]. 当代经济管理，2010（2）：59 - 64.

企业做大做强的土壤，吸引大量外地资本和优质高技术企业进入本区域。

优性区域文化可以促进资源流动和企业、园区间的合作。优性区域文化可以促进外来资本、企业与本土资源的融合，减少融合时间和融合成本，形成新的生产网络和社会网络，为区域资源流动和企业合作提供基础条件。优性区域文化可以增加不同园区间企业的彼此信任程度，减少因不信任而增加的交易成本，提高生产网络中企业合作的效率和资源流动的速度，加深科技园区协同作用的程度，提高科技园区协同作用的效果。

三、区域政策法规

政府通过区域政策法规对高技术产业和科技园区进行引导、扶持和监督，吸引资本、人力、技术、企业等要素在科技园区汇聚，加速科技园区产业集聚和生产网络形成；引导区域内科技园区进行产业定型、功能定位，建立公共服务平台，有利于科技园区之间的资源流动，促进科技园区地方协同发展。

通过政策法规引导区域内科技园区进行产业定型，形成科技园区产业错位发展和优势互补的良好局面。政府根据不同科技园区的区位交通、产业基础、资源禀赋等条件，确定各园区的主导产业，并通过政策扶持引导企业入驻不同的园区，加快形成各园区特色产业集群。通过不同园区的产业错位和优势互补，使得各园区加强合作、形成联动，促进各园区的协同发展。

通过政策法规引导区域内科技园区进行功能定位，促进各园区功能互补。政府应将孵化器功能、研发功能和产业开发功能在科技园区间合理配置，形成功能平衡且有机结合的局面；应合理规划科技园区的辐射范围、集聚资源种类和融合形态，充分发挥各园区的辐射效应、聚集效应和融合效应。

通过政策法规建立公共服务平台，促进科技园区之间的资源流动，形成生产要素在各科技园区的合理配置。政府通过建立科技园区联合招聘会，吸引高素质劳动力进入园区，促进科技园区之间的人力资源流动；通过建立科技园区论坛，为各园区提供交流场所，促进信息、技术和先进理念在科技园区之间流动。通过生产要素流动形成科技园区之间合理的资源配置，促进科技园区发展。

四、区域内高等院校和研究机构

区域内的高等院校和研究机构是科技园区的主要技术创新来源，对科技园区地方协同发展具有重要的推动作用。一是高等院校和科研机构是区域内生产网络的重要组成部分，是区域生产网络得以形成和发展的基础条件，为科技园区地方协同发展提供了重要支撑。二是高等院校和研究机构通过为科技园区的企业进行技术支持和人才培养，推动企业进一步发展壮大，促进了地方生产网络的发展、演进、完善，扩大了企业协同作用的规模，加深了企业协同作用的程度。

（一）高等院校和研究机构与科技园区企业进行创新合作

在科技园区地方生产网络中，"产学研"相结合的创新合作是其中的重要内容。科技园区的高技术企业拥有灵敏的市场嗅觉和良好的产品转化模式，缺少关键技术和高端研发人才；而高等院校和科研机构拥有大量专业人才、先进的科技研发模式和许多关键技术，缺乏具有市场需求的技术研发方向和科技成果转化体系。两者很容易形成优势互补的格局，通过"产学研"相结合进行创新协同，形成完整的科技创新、技术研发、成果转化产业链。

"产学研"结合主要有三种模式：一是企业购买模式。企业通过市场调查获取第一手资料，结合自身经营情况做出研发设计，与科研机构签订研发合同，写明企业所需要的具体技术和产品。科研机构根据企业要求进行研发创新，在规定的时间内取得研发成果。企业向科研机构付出资金以获得此研发成果。二是企业和科研机构进行联合研发。企业提出研发需求，提供资金和场地，大学和科研机构提供人力资源和技术支持，两者联合进行研发创新。与企业购买模式不同，联合研发的技术成果由企业和科研机构共享。三是企业和科研机构联合创建新的企业。企业以资金、场地等资源入股，大学或科研机构以技术入股，成立股份有限公司。新成立的公司一般拥有核心的关键技术和以此为基础的明确的细分市场方向，拥有大学和科研机构提供的关键性技术人员。这种模式对合作双方的信任度要求更高，一般由进行了长期合作的企业和科研机构联合建立新企业。

国外科技园区与高等院校和研究机构"产学研"结合程度较高。柏林最大的高科技开发区阿德斯霍夫共有375家高新技术企业，这些企业与园区内洪堡大学的6个研究所、12家独立研究机构有着密切的合作关系，洪堡大学的110名教授和720名教师也参与该园区的科研工作[①]。美国的"硅谷"是在斯坦福大学的研究园基础上发展起来的，"硅谷"有8所研究开发型大学、9所社区大学和33所技工学校，集中了33万名高级技术人才，这些高等院校为

---

① 李洪伟．德国高等院校与科技园区建设［J］．世界教育信息，2006（11）：31－34．

"硅谷"的发展做出了卓越的贡献。日本的筑波科学城有48个国家级研究机构与教育院所、160家开发研究型企业，这些研究机构和教育院所与企业进行研发合作，所开展的课题几乎涉及所有的尖端领域，促进了企业的发展，带动了整个科学城的发展壮大，为筑波科学城成为世界一流的技术创新源奠定了基础①。

（二）高等院校和研究机构在科技园区企业协同中的重要作用

高等院校和研究机构可以作为关联节点使不同科技园区之间的企业产生联系，提高跨园区的企业协同的可能性。高等院校和科研机构作为科技创新的主体，往往是多家企业研发合作的重要伙伴，通过相互之间的长期合作形成稳定的合作关系和较强的信任度。同时，与同一家科研机构进行研发合作的企业往往属于同一行业或相似行业，具备相互合作的基础条件。因此，高等院校和研究机构可以将位于不同园区的企业联系在一起，形成科技园区间企业合作的新路径，拓展科技园区生产网络范围，丰富科技园区协同渠道。

高等院校和研究机构可以发挥自身优势，形成区域范围内多个科技园区的企业与研究机构共同参与的大型研发课题，为科技园区间企业协同创造条件。高等院校和科研机构在技术创新方面具有深厚的经验积累和大量专业人才，通过与科技园区企业相结合，可以集中力量去完成一些单个机构或企业难以完成的重大研发课题。这种研发合作也是科技园区间企业创新协同的一种形式。

高等院校和研究机构通过与科技园区企业进行创新合作进一步完善科技园区间的创新渠道，优化科技园区间的创新环境，促进科技园区间进行创新协同。同时，以高等院校和研究机构为桥梁，形成科技园区企业协同通道，促进科技园区企业协同的发展。这就从两方面为科技园区地方协同发展创造了良好条件。

第二节　园区因素

一、园区区位条件

区位条件对科技园区的发展具有重要作用，科技园区进行区位选择时一般

---

① 刘敬伟. 我国科技园区的发展与创新［D］. 长春：吉林大学，2003：10 – 23.

需要考虑以下几个因素。

（一）智力因素

智力因素包括具有应用研究性的高等院校、科研机构以及大型企业集团内部的研发部门等。在科技园区的区位选择过程中，智力因素是首要考虑的因素。在智力资源密集的地区，企业在获得高质量的人力资源、技术创新的最新成果及先进的实验、生产设备方面具有便利，同时在利用智力资源进行技术交流、信息交流、学习培训等方面具有地域优势，有利于园区内企业与园区外企业形成"技术势差"，提高园区内企业的创新能力和竞争力①。

（二）产业基础

高技术企业的科技创新除了需要智力因素外，还需要一定的产业基础，能够为高技术企业提供相关支持。产业基础主要包括两个部分：一个是科技创新的前期基础条件；另一个是科技创新的成果转化条件。科技创新往往是在一定的工业基础上产生的，没有工业生产所积累的经验、技术、设备和人力资源等因素，科技创新就像空中楼阁，难以实现。只有工业基础发展到一定程度，做好了前期准备工作，科技创新才能水到渠成地出现。科技创新成果转化同样需要产业条件，没有能够将成果进行转化吸纳的企业存在，创新成果的价值依然无法实现。只有高技术产业和基础性工业有机结合，形成科技创新产业链，才能够提高科技园区的创新能力，促进科技园区发展。

（三）资本因素

高技术企业的发展离不开资金的支持。高技术企业在技术开发期需要大量的资金投入，而同时由于其面对技术不确定性和需求不确定性，技术开发存在相当大的风险，所以一般的具有风险规避性的资本并不愿意对其进行投资。同时，由于高技术企业的技术开发一旦取得成功，其所得的回报有可能是十几倍、几十倍。面对这种机遇与风险并存的情况，风险投资经常愿意介入其中，这也是"五元驱动理论"中风险投资机构对科技园区的驱动所在。风险投资机构的介入不仅为科技园区提供了急需的资金，还可以向高技术企业提供战略管理、供应链整合、人力资源管理等企业管理的先进经验，进一步提高高技术

---

① 林兰．技术扩散与高新技术企业技术区位研究［D］．上海：华东师范大学，2007：17.

企业的竞争力。所以，选择在资本密集区域建立科技园区对园区高技术企业的发展壮大具有积极的作用。

（四）生活环境

从全球范围内来看，科技园区一般集中在环境优美的地区。这一方面是由高技术产品自身特性所决定的，另一方面也是吸引高素质人才的需要。高技术产品本身及其生产工艺都是高度精密的，需要有较高质量的自然环境做保证，通常要求气候温和、温差不大、空气清新、阳光充足和水质纯净等，对生产区域的环境要求较高①。同时，高质量的环境可以吸引更多更优秀的人才聚集，为科技园区的发展提供智力支持和人力资源储备，在一定程度上保障了科技园区发展的可持续性。

科技园区的区位选择需要考虑以上四个因素。这其中，智力因素增进了园区企业与高等院校和科研机构之间的联系，有利于知识在生产网络中的传播扩散；产业基础因素加强了科技企业与其产业链上下游企业之间的联系，增强了生产网络的"厚度"；资本因素促进了资金在生产网络中的合理配置，加强了企业与投资机构之间的联系；生活环境因素吸引更多资源汇聚在生产网络中，并为生产网络的良好运行提供必要的基础支持。五个因素的有机结合，对生产网络的完善和发展具有积极的作用，为建立在生产网络上的科技园区地方协同发展创造了有利条件。

二、园区基础设施完善程度

科技园区的基础设施包括交通基础设施、信息基础设施和生活基础设施，这些设施是生产网络运行的物质基础，对科技园区地方协同发展起着推动作用。

（一）园区内外的交通设施

园区内外的交通设施是生产网络中人力资源和产品流动的重要渠道。交通便利的科技园区的员工更容易获得与其他园区员工进行交流和学习的机会，有利于先进理念和知识的传播以及员工综合素质的提高，从而激发更多的思想碰

---

① 林兰. 技术扩散与高新技术企业技术区位研究 [D]. 上海：华东师范大学，2007：106 - 107.

撞，产生更多的科技成果。交通便利的科技园区产品流通更加顺畅，科技创新成果投入市场更为方便，获得市场反馈也更加迅速，有利于根据市场需要及时调整企业战略。交通不便利的科技园区缺少与其他园区的物质联系，园区内生产网络难以嵌入科技园区地方生产网络系统之中，园区企业的协同效应较弱。

（二）跨园区的信息网络平台

信息流是生产网络的重要组成部分。在互联网飞速发展的当今社会，信息的重要性日益凸显。获取信息的速度、掌握信息的准确性和全面性、信息量的大小、信息传递的安全性等已经成为评判企业竞争力的重要因素。建立跨园区的信息网络平台，可以实现信息共享，减少企业进行信息采集、管理的成本，提高信息的利用率；可以使信息沟通更加便利，信息传播更加迅捷，加快信息在生产网络中的传播速度，加强生产网络的联系强度；可以使各企业在网络平台上公开部分信息，其他企业可以通过浏览这些信息甄别潜在的合作伙伴并进行交流，有助于延长旧有的产业链和形成新的产业链，拓展企业协同范围。

（三）满足人们需求的基础生活设施

满足人们需求的基础生活设施是科技园区社区化的前提条件。没有基础生活设施，科技园区就只是一个工作场地，只有具备了基础生活设施的科技园区才能成为满足人们生活需要的社区型园区。基础生活设施包括医疗设施、休闲娱乐设施、金融服务设施、教育设施等。这些设施可以维持园区生态系统的正常运作，为人们的日常生活提供便利。高质量的生活设施可以使人们在工作之余更好地休闲放松，提高工作效率，也可以吸引更多的优秀人才汇聚，起到资源集聚的作用，促进生产网络的发展完善。

科技园区的交通基础设施、信息基础设施和生活基础设施完善程度越高，不同科技园区通过生产网络进行的人力、知识、信息等资源流动阻力越小。同时，更多优秀人才的汇聚、员工工作效率的提高、企业协同效应充分发挥，促进了科技园区地方协同发展。

三、园区创新激励机制

创新是指企业家将生产要素和生产条件进行重新组合，建立起效能更强、效率更高和费用更低的生产经营系统，从而获得新的原材料或半成品来源、开辟新的市场、开发新的生产工艺、推出新的产品、采用新的组织管理模式等，是包括科技、组织、金融等一系列活动的综合过程①。创新存在扩散效应，创新成果可以通过一系列渠道在生产网络中进行传播，在一定区域范围内形成"创新高地"，与周围其他区域产生"创新势差"，有助于不同科技园区借助各自的相对创新优势进行创新协同。

科技园区企业的创新活动需要政府的激励。创新成果对整个社会具有正向溢出效应，但对单个创新主体来说，由于前期投入较大、未来收益具有不确定性，未必能够获得正效应。因此科技园区应该在社会收益和创新主体收益之间进行平衡，对创新收益进行再分配，提高创新主体的创新意愿。这就需要建立科技园区创新激励机制，具体包括如下机制：一是人才引进机制，通过吸引大批高技术人才，促进企业良性竞争、激发企业活力，提高企业的创新能力；二是产学研技术联盟，企业研发部门、高等院校、科研机构联合进行创新发展，实现优势互补、加快创新速度、提高创新成功率、降低创新风险；三是建立风险资本投资机制，探索风险资本进入和退出机制，制定鼓励风险投资机构进入园区的政策，举办高技术企业和风险投资机构交流合作的平台活动；四是构建中小企业创业融资信用担保机制，设立中小企业创业基金、高技术企业扶持资金、科技园区发展资金等，为具有广阔发展前景和一定风险的中小企业提供前期资金支持。

科技园区创新激励机制的构建过程也是科技园区制度创新过程的一部分。科技园区的激励机制需要切合本园区的基本情况、切合本园区产业结构、切合本园区的发展阶段、切合本园区在区域生产网络中的位置、切合本园区与其他园区协同发展的优势所在。只有不断创新本园区的创新激励机制，建立本园区的特色激励机制，才能够始终激发园区企业的创新动力，促进科技园区进行创新协同，形成科技园区地方生产网络系统的创新合力，提高区域范围内科技园区整体创新能力。

四、园区日常管理

科技园区管理主要包括制定科技园区发展规划和管理园区日常事务，这决定着园区为企业提供服务的质量，影响着园区的日常运行效率。

---

① 钟书华. 科技园区管理 [M]. 北京：科学出版社，2004.

（一）园区发展规划

在科技园区管理过程中，科技园区的发展规划用于确定科技园区发展目标、发展方向、发展机制，包括主导产业规划、发展战略规划、产业结构调整优化升级规划、土地开发规划、投资和技术吸纳规划等。由科技园区管理委员会制定这些规划并开展实施工作。

（二）日常事务管理

日常事务指在工作日期间科技园区管理机构需要处理的工作总称。日常事务主要包括：园区对内协调和对外事务工作；相关重要会议的组织和会务工作；国家和地方政府有关产业项目、技改项目的立项、审核、报批工作；园区统计及经济运行情况分析；园区对外招商引资工作；协调园区人力资源开发和人才引进工作等。这些工作有些是短期工作，有些是长期工作，都是维持科技园区日常运行的必要工作①。

科技园区的发展规划水平和日常事务处理水平决定着科技园区对资源的吸引力和园区的运行效率。园区的管理水平越高，为园区企业提供的服务质量越高，科技园区地方生产网络系统的资源汇聚能力越强、系统运行效率越高，科技园区协同作用效果越明显，企业越呈良性发展态势。同时，园区企业的良性发展会产生示范效应，吸引更多企业和资源在园区汇聚，进一步推进科技园区的发展。

第三节 产业因素

一、产业结构

产业结构是指各产业的构成、比例和产业之间所形成的关系。不同的科技园区中，主导产业的选择、各产业的构成和比例、产业之间的联系都不相同，对园区经济增长的贡献度也不同，形成了各园区所独有的产业结构。

---

① 钟书华. 科技园区管理［M］. 北京：科学出版社，2004：18－23.

对于科技园区来说，构建适合本园区实际情况的、具有园区特色的产业结构可以突出园区的竞争优势，形成特色竞争力，在周围园区中脱颖而出。陈征等（2003）认为在构建园区特色产业结构过程中需要正确处理以下三方面的关系：

一是正确处理高新技术产业和传统产业之间的关系。首先，要高度重视高新技术产业在优化科技园区经济结构、提高园区经济素质和提高园区国际竞争力等方面不可替代的作用，积极发展对园区经济增长有突破性重大带动作用的高新技术产业。其次，要重视传统产业在科技园区发展过程中的现实地位和比较优势，加快传统产业的改造步伐。要抓住发展契机，大力发展传统产业，并用高新技术和先进适用技术改造传统产业，增强其发展活力和后劲①。

二是正确处理资金技术密集型产业和劳动密集型产业的关系。首先，科技园区要顺应工业化和现代化发展对产业资金技术密集程度提高的客观要求，积极发展资金技术密集型产业。其次，根据我国的实际情况，不能忽视发展劳动密集型的现代服务业的重要性。

三是正确处理虚拟经济和实体经济的关系。首先，科技园区发展经济要始终坚持以实体经济的持续快速健康发展为根基和主体。其次，要全面认识虚拟经济的作用，对其发展要积极引导和加强管理。以实为本，虚实并举。

在区域范围内，科技园区间还要注意产业错位发展和产业互补发展。产业错位发展是指一定区域范围内，不同科技园区的主导产业选择、产业比例和产业贡献度存在一定差异。这种差异有利于区域范围内资源的充分利用，避免科技园区间因产业同质化形成恶性竞争，同时也有利于科技园区地方生产网络的多样化，促进生产网络系统结构完善，形成丰富多样的协同模式，增加协同作用的范围和效果。产业互补发展是指不同科技园区的产业能够形成相互联系、优势互补的局面，通过产业协同促进科技园区协同发展。

科技园区的发展是动态的、变化的，而不是一成不变的。所以，即使在园区发展的某一个阶段形成了与之相适应的园区产业结构，能够促进科技园区协同发展，在园区以后的发展阶段也有可能变得不再适应园区的发展情况，对科技园区协同发展起着阻碍作用。所以，需要不断地对科技园区地方协同发展态势进行评估和预测，根据协同发展的实际情况进行产业结构调整优化升级，确保园区产业结构与园区协同发展情况相适应。

---

① 陈征，李建平，郭铁民等. 政治经济学 [M]. 北京：高等教育出版社，2003：671 - 674.

二、产业相似度

科技园区产业之间的相似度影响着园区企业之间技术流动和有效信息传播的效果，进而影响科技园区协同作用程度。产业相似度高，企业之间的技术流动和有效信息传播效果较为显著，园区协同作用程度较高；反之，产业相似度低，企业之间的技术流动和有效信息传播效果较差，园区协同作用程度较低。

产业相似度较高的科技园区之间更容易产业技术交流。先进技术的可适用范围往往较小，只能在特定的环境和条件下发挥作用。产业相似度较高的科技园区企业之间具有相似或者相同的技术环境，包括企业基础设施、加工材料、生产环境等"硬环境"和企业文化、管理体制、员工素质等"软环境"。在这样相似的技术环境下，企业所引进的先进技术往往具有较强的适用性，也更容易与原有技术产生化学反应，衍生出新的先进技术，进一步促进企业技术水平的提高。同时，并非所有的技术都是可编码知识，相当一部分技术属于隐性知识，难以用语言、文字、图形或符号等进行描述。而处于同一产业或相近产业的企业之间更容易形成相近的文化和理念，更容易理解和掌握彼此的"隐性技术"。正是基于相似技术环境和"隐性技术"，产业相似度较高的科技园区之间更容易产生技术交流。

产业相似度较高的科技园区之间更容易进行有效信息的传播。与一般信息不同，有效信息是指能够被传播对象接收且对传播对象产生作用的信息。处于相似产业或相同产业的企业对于信息的需求具有相似性，因此产业相似度较高的科技园区企业之间更容易进行有效信息的传播。原因如下：一是有利于对有效信息的甄别。由于对有效信息的需求具有相似性，对某一家企业有效的信息往往也对其他企业有效，减少了重复甄别，提高了园区信息有效度。二是有利于有效信息的交换。由于企业之间所拥有的有效信息存在不同，又对彼此都具有效用，因此较容易进行信息交换。三是有利于有效信息的汇聚。随着园区间信息交换的增多，形成了固定的信息交换渠道，对某一方面的信息产生特定的吸引力，吸引信息在园区间汇聚。

正是由于产业相似度影响着科技园区之间技术交流和信息传播的效果，为了加强科技园区之间的协同作用，应提高科技园区之间的产业相似度。同时，我们也应该看到，过度强调产业相似，有可能产生同质化现象，反而不利于科技园区的协同发展。因此，需要在加强科技园区之间产业相似度的基础上强调产业特色，形成产业相似又各有特色的局面，促进科技园区协同发展。

三、产业关联

产业关联是指不同产业之间通过经济行为所形成的相互联系、相互依赖的内在联系。产业间通过产品和劳务联系、生产技术联系、价格联系、劳动就业联系和投资联系进行关联。关联产业在地理空间上分布于不同的科技园区，为企业跨园区的贸易、先进技术和理念的传播以及提高产业带动效应提供了有利条件，促进了科技园区协同发展。

产业关联有利于跨园区贸易的产生。关联产业中的企业存在前向或者后向联系，前向企业为后向企业进行供给，后向企业对前向企业提供的产品和服务进行再加工，制成成品进行销售。因此，关联产业中的企业是彼此潜在的贸易伙伴。科技园区之间产业关联越密切，潜在的跨园区贸易伙伴越多，越容易产生跨园区贸易。

产业关联有利于促进先进技术和理念的流动。对于以生产技术联系为纽带进行关联的产业，产业之间存在以技术为核心的产品、设备、服务和劳动力的流动，这些资源的流动带动了先进科技和理念的传播，促进了二次创新和技术融合的发生，有助于科技园区技术水平的提高。

产业关联促进了科技园区间的带动效应。对于存在关联产业的科技园区，某一科技园区的发展，可以通过关联产业迅速传导至其他科技园区，带动其他科技园区内的发展。前向产业的发展可以提供更多的产品和服务需求，一方面可以促进后向产业产量的提高，另一方面会导致产品和服务的价格上涨，从两方面提高后向产业的收益。后向产业的发展可以提供更多和更优质的产品与服务供给，一方面有助于前向产业扩大生产规模，另一方面有助于最终产品品质的提高，从而提高前向产业的收益。

通过跨园区贸易、先进技术和理念的传播以及产业带动效应，产业关联有助于加强科技园区之间的紧密联系，促进科技园区间的协同作用。

四、主导产业发展状况

主导产业的概念最早由美国经济学家罗斯托（Walt Whitman Rostow）在其经济学著作《经济成长阶段》一书中提出。在书中，罗斯托（1963）把各经济部门分为三个部分，分别是主增长部门、辅助增长部门和派生增长部门。这里的主增长部门就相当于主导产业，罗斯托强调主增长部门对经济其他方面的带动作用，认为主增长部门可以通过本部门先进的生产要素、先进的生产理念和先进的生产工艺创造本部门极高的增长率，并以之带动经济其他方面的增长。

罗斯托（1963）认为，主导产业具有三种特征：与创新成果能够快速产生化学反应，通过大幅度需求增长产生极高的产业增长率，对其他部门具有广泛的直接和间接影响。吴仁洪认为主导产业具有六个特征：第一，一般为反映当代技术进步的新兴产业，效益高，具有大规模产出的可能性，具有较高的增长率；第二，能带动许多产业部门的发展；第三，国内或国际市场对该产业部门的产品具有巨大需求；第四，在国民生产总值中占有较大比重；第五，一般为生产最终产品的制造业部门；第六，具有一定的出口创汇能力，其产品在出口总额中占较大比重①。

对于科技园区来说，由于主导产业创新成果多、发展速度快、关联产业多，其发展状况对园区的整体创新能力和发展状况具有较大影响。主导产业的创新能力在园区中一般处于领先地位，其创新成果数量、重要性、转化程度不仅对于本企业的发展有着重要影响，也通过创新扩散作用影响着整个园区的创新水平，影响着本园区与周围其他园区的"创新势差"。主导产业在园区总产值中所占的比例越大，与之相关联的产业越多，其带动作用越明显，越能够起到"主导"作用。主导产业经营状况越好，发展速度越快，受其带动的其他产业发展速度越快，整个园区的发展情况越好，在生产网络中所起到的作用越大。所以，科技园区应该重视打造园区主导产业，根据园区实际情况确立具有竞争优势的特色主导产业，围绕主导产业进行产业结构调整、资源配置优化、生产网络建设，对主导产业进行政策优惠和资金扶持，通过主导产业与其他园区产业的协同作用带动生产网络中其他产业的发展。

第四节　企业因素

一、企业创新能力

学界对企业创新能力的研究比较多。许庆瑞（2000）认为企业创新能力

---

① 吉荣康. 北京市主导产业选择研究 ［D］. 北京：北京工业大学，2006：11 – 13.

包括研究和开发能力、营销能力、工程变更的能力（包括设计、技术、工艺、试制、生产能力）等①。侯先荣等（2003）认为企业创新能力是企业支持创新战略实现的系统整体功能，由创新资源投入能力、创新管理能力、企业家创新倾向、研究开发能力、制造能力和营销能力组成②。官建成等（2004）将企业创新能力分为学习能力、战略规划能力、研究和开发能力、制造生产能力、组织创新能力、资源配置能力和市场营销能力共七类③。

企业创新能力是企业发展能力和未来发展潜力的重要体现。在创新驱动的重要性日益凸显的情况下，企业的创新能力决定着企业在竞争中能否占据优势，进而决定着企业未来的发展态势。高素质的人力资源是企业进行创新的主体，创新激励机制是企业释放创新活力的关键，与其他高技术企业进行创新交流合作是企业加快创新速度的条件。只有企业将各种创新要素进行有机结合，充分发挥各创新要素的作用，才能够提高企业的创新能力，进而提高企业的竞争力。

创新能力较高的企业更容易得到先进技术，带动科技园区整体科技水平的提高，产生较高的"技术势能"，与其他科技园区形成"技术势差"，促进科技园区间的技术交流合作。企业创新能力越强，对于先进技术的研发和学习能力越强，越能够获得更为先进的技术和理念。其所在的科技园区往往具有较高的技术水平，与其他科技园区间形成技术势差。技术势差推动先进技术从技术势能高的地方向技术势能低的地方传播，促进企业进行跨园区的技术交流与合作，进一步推动科技园区地方协同发展。

二、企业家精神

法国经济学家萨伊于 1800 年首次提出"企业家"（Entrepreneur）的概念，英国经济学家马歇尔于 1890 年首次将企业家作为独立的生产要素进行研究。美籍奥地利经济学家约瑟夫·熊彼特认为，企业家是"经济发展的带头人"，是创新的主体。美国管理学大师彼得·德鲁克（1985）在《创新与企业家精

---

① 许庆瑞，郭斌等. 中国企业技术创新——基于核心能力的组合创新 [J]. 管理工程学报，2000，14（12）：1-9.

② 侯先荣，吴突湖. 企业创新管理：理论与实践 [M]. 北京：电子工业出版社，2003.

③ 官建成，史晓敏. 技术创新能力和创新绩效关系研究 [J]. 中国机械工程，2004，15（11）：1000-1004.

神》一书中首次将企业家精神视为"一种行动，而不是人格特征"，企业家精神的本质是有目的、有组织的创新①。庄子银（2003）认为，企业家精神源于企业家的三种特质：获取财富的梦想、战斗征服的冲动、创造的快乐。

卫维平（2012）认为，企业家精神是创新性、开创性以及冒险性这三个方面的有机整合，它是一个整合企业的产品和技术创新、风险承担和领先精神等活动的多维度概念。他认为创新性是企业家精神的核心，开拓性和冒险性都是由创新性衍生出来的。企业家的创新性是企业核心竞争力的主要来源，企业家在企业中处于核心地位，决定了企业的核心价值观、创新素质、合作意愿等软实力。

企业家的创新性决定了企业创新激励机制、创新人才观和创新潜力，决定了企业未来发展态势。具有高度创新性的企业家能够充分发挥企业创新潜力，通过创新提高企业竞争力，在市场竞争中处于优势地位，使企业能够快速发展，企业规模迅速扩大。具有高度创新的企业通过创新协同作用带动周围企业的创新发展，提高周围企业的创新能力和发展速度。

具有较高开拓性的科技园区企业会更多地与周围企业进行合作与交易，扩展企业的发展空间和信息渠道，提高生产网络中企业的联系程度，加强企业协同作用，产生更强的协同效应，有助于带动科技园区地方协同发展。

三、企业间竞争

企业竞争是指市场上不同企业之间为了实现既定目标和自身利益最大化而相互斗争的过程。在传统理论中，竞争分为完全竞争和不完全竞争，其中完全竞争仅存在于理论中，现实当中的竞争大多是不完全竞争。随着经济社会的发展，企业竞争不再单以自身利益为唯一出发点，而越来越呈现出多个企业合作互补进行竞争的新状况。到了新世纪，企业竞争已经不仅仅是单个的"点"与"点"之间的竞争，而是由供应商、科研机构、制造商、销售商和客户群组成的产业链之间"链"与"链"的竞争，甚至是由多个产业链组成的生产网络之间"网络"与"网络"的竞争②。

---

① 刘德燕，杨增雄. 基于我国经济结构转型下企业家精神研究 [J]. 特区经济，2012 (11)：223 - 225.

② 李大伟. 供应链管理与企业竞争 [D]. 北京：首都经济贸易大学，2004：26.

在科技园区生产网络内部企业之间的竞争有助于提高网络主体的"质量"。通过激烈的企业竞争，具有更强竞争力和更大发展潜力的企业掌控越来越多的资源，通过将资源转换成竞争力获得发展优势，而竞争失败者被市场淘汰在一定程度上帮助生产网络减轻了负担，有助于生产网络的优化升级。

科技园区生产网络与外部生产网络之间的竞争有助于加强网络主体间的协同程度。生产网络之间的竞争涉及每个网络主体，促使网络主体之间加强协同合作，减少彼此的摩擦和无效率的竞争，形成生产网络整体竞争合力。

通过企业竞争，生产网络主体竞争力得到提高，对科技园区的影响力得到增强。生产网络主体协同作用效果得到增强，由企业协同带动的园区协同作用效果也相应提高。

四、行业协会等社会组织

行业协会是指由属于同一行业的企业组成的以会费维持日常运转、以协调行业利益关系为主要目的的非营利性组织。行业协会是行业内企业之间、行业内企业与行业外企业之间、行业内企业与政府之间联系的桥梁，其主要功能包括代表会员企业与政府沟通、行业推广、信息交换、制定产品标准等[①]。

在某种程度上，行业协会可以看成是行业中各企业用来进行沟通协调的平台。它可以向政府反映目前行业中存在的问题，加深政府对行业的了解，有助于政府制定科学合理的行业规划。行业协会通过举办行业研讨会和展览会、出版行业刊物、建立行业网站等方式加强行业内部交流和行业对外交流。行业协会通过制定产品标准、举办技能培训活动来进行行业规范。行业协会的这些功能增加了网络主体之间的联系，规范了网络主体的行为，提高了生产网络系统的有序度。

行业协会可以作为地方生产网络中企业主体的代表与迁入企业进行对话。一般来说，行业协会都是由地方生产网络中的领导厂商掌控着，在全球生产网络的地方镶嵌过程中，本土生产网络的重构就是在行业协会和迁入企业的对话过程中逐渐实现的。对于本土企业的对外投资和出口过程中遇到的问题，行业协会也可以与企业投资所在地的政府进行沟通协商，解决利益纠纷。

行业协会作为利益协调平台增加了网络主体之间的信息交流，减少了生产

---

① 孙芳. 中国行业协会发展方向研究［D］. 北京：对外经济贸易大学，2004：1－3.

网络内部摩擦的发生，提高了网络有序度。行业协会通过对外沟通协调，减少了生产网络对外扩张的阻力，促进了生产网络对外拓展延伸。生产网络的发展进一步带动了嵌入在其中的科技园区地方协同发展。

第五节　资 源 因 素

一、资本自由流动

在科技园区嵌入的生产网络中，资本在生产网络的各节点之间流动。通过资本流动，生产网络中地理上具有分割性的各园区、各企业被联系起来，促进了生产联系的形成和巩固。这种流动具有双向流动的特点，一个企业或园区既是资本的流出方，也是资本的流入地，流动速度和效率与各节点之间的联系及密度息息相关。

外来资本的流入对于本土经济的发展具有促进作用。联合国发布的外国直接投资贡献指标显示，跨国公司的分支机构对于发展中国家在资本形成、价值增值、税收增加和出口增长等方面都具有较高的贡献度[①]。由于资本具有"黏性"，对资源具有汇聚作用，生产网络中资本的流动引导着生产要素在不同科技园区间进行配置，向具有创新优势的产业和部门聚集。一旦聚集形成一定的规模，就可以通过规模效应进行强化。资本的流动也受到其他生产要素的影响，必须要与其他生产要素相互协调才能实现增值。

资本的流动受到网络权力的影响。具有最大网络权力的领导厂商在资本流动过程中起着核心作用，它们决定着资本的流动方式和流动规则，其余如主要供应商、经销商等从属企业虽然能够对资本流动产生一定的影响，但并没有改变资本流动基本规则的能力。

科技园区间资本的自由流动一方面加强了网络主体之间的联系，增强了生产网络联系的紧密度，另一方面引导生产要素在生产网络和科技园区中合理配置，促进了产业结构调整升级。两方面的作用结合起来，在更大程度上

---

① 曹监平，晁静. 国际资本流动的政治经济学分析——基于全球生产网络的视角 [J]. 郑州师范教育，2013（1）：92-96.

释放了生产网络和科技园区的发展活力，增强了不同科技园区间企业和产业的协同作用，促进了科技园区地方协同发展。同时，我们也应该看到，过于频繁的资金流入和流出会对科技园区经济系统的稳定性造成负面影响。因此，需要在资金流动性和经济系统稳定性之间进行平衡，适当地加强对资金流动的关注。

二、人力资源自由流动

人力资源（Human Resources，HR）指一个国家或地区中具有劳动能力、对经济社会发展具有推动能力的人口总和。人力资源包括体力、智力、知识和技能四个方面。在现代科技飞速发展的情况下，经济发展越来越依靠人口素质的提高，人力资源在经济发展中起着越来越重要的作用。

人力资源在科技园区嵌入的生产网络中流动有两种模式：一种是利益导向模式，即人力资源由劳动报酬率较低的部门向劳动报酬率较高的部门流动。劳动报酬率的高低在一定程度上反映了所属部门的竞争力高低，在科技园区中，拥有核心技术和较强创新能力的企业劳动报酬率较高。人力资源向这些企业的流动为其提供了大量可选择的优质人才，对其进一步发展提供了更厚实的人才基础。另一种是产业链导向模式，即人力资源沿着产业链向上下游部门或延伸产业链部门流动。这种流动模式在一定程度上加深了同一产业链上各企业之间的相互了解，有助于更好地开展合作，也在客观上促进了先进的生产加工技术在各企业之间的传播。同时，由于人力资源流动的两个企业之间具有较强联系性，流动成本较低，因而减少了人员流动带来的损失。

科技园区间人力资源的自由流动对科技园区地方协同发展具有促进作用。一方面，人力资源向先进产业、先进部门的聚集可以增加其人才储备，提高其创新和发展的潜力，同时也可以加速落后产业的消亡过程，具有促进产业结构调整的作用。另一方面，人力资源的流动促进了先进技术和先进理念在生产网络和科技园区间的传播，有助于其整体创新能力和竞争力的提升。

人力资源在园区间的自由流动受到环境因素、信息因素、薪酬因素和政策因素等的影响，这些因素在一定程度上形成了流动成本。科技园区间一体化程度越高，人力资源园区间流动成本越低、流动阻碍越小，整体流动性越高。在制定科技园区发展规划和日常园区管理过程中，这一点需要加以考虑。

三、技术传播

科技园区间的技术传播是指通过科技园区嵌入的生产网络实现科技园区间技术扩散转移，进而实现网络主体间技术共享的过程①。科技园区中高技术产业的知识溢出是最主要的技术传播方式。

高技术产业的知识溢出是指以高技术产业为溢出源，通过溢出作用使先进技术在产业内或产业间扩散转移，实现一定区域范围整体技术革新的过程。高技术产业具有较强的创新能力和较好的发展前景，其对于关键领域核心技术的研发和转化比其他产业具有更大的优势，容易形成"技术高地"，与周围区域产生技术势差。低势能区域的企业从高势能企业那里吸收高技术知识，并与自身技术相融合进行技术升级。

高技术产业的知识溢出主要源于高新技术的稀缺性和重要性。尤其在技术飞速发展的当今社会，先进技术的开发时间和成果转换率决定着一个企业的成败，而高新技术的生产和研发需要大量的资金、人力和时间，前期投入巨大。这就决定了高新技术的稀缺和重要，也决定了高新技术的传播价值。

高技术产业在科技园区间的知识溢出主要有两种模式：一种是行业内知识溢出，即某一企业所具有的先进技术在同一行业内部企业间进行传播。由于企业间同一性的存在，这种传播更多地以技术学习和技术模仿的形式进行。另一种是行业间知识溢出，即某一企业所具有的先进技术在不同行业之间进行传播。由于不同行业之间存在差异性，这种传播更多地以技术融合的方式进行。具体的溢出形式包括技术转让、产品模仿、技术合作、人力资源流动带来的知识溢出等。

科技园区间的技术传播一方面通过知识溢出效应形成了科技园区的"技术势差"，提高了科技园区和生产网络的整体创新能力和竞争力，提供了更高质量的协同发展主体；另一方面加强了生产网络各主体之间的紧密联系，增强了科技园区和园区企业之间的协同作用程度，从两方面促进了科技园区地方协同发展。

---

① 翟杰全. 技术传播：概念、渠道和企业实践［J］. 北京理工大学学报（社会科学版），2010（2）：90－94.

四、信息交流

科技园区间的信息交流是指科技园区内部企业之间和不同科技园区之间通过生产网络进行交换和共享信息资源的过程。所谓信息资源，是指信息内容本身所构成的信息有序化集合，是人类社会经济活动中经过加工处理有序化并大量积累后有用信息的集合[①]。科技园区的信息资源包括园区企业和其他机构在经营运转过程中积累的经过有序化处理的具有一定价值的信息集合（王哲，陈清华，2003）。

科技园区间的信息交流可以增加企业间的合作。企业间的信息交流可以增加相互之间的了解，发现更多的合作机会；可以增进彼此之间的信任度，增加合作的意愿；可以对合作过程中发现的问题及时进行反馈，减少无谓的损耗。因此，信息交流保证了企业交流合作的顺利进行。

科技园区间的信息交流可以加速知识溢出。在科技园区企业和机构信息人员非正式交流的过程中，高技术企业的从业人员往往把新的理念和想法在不经意间流露出来，其他企业的员工也在不经意间对知识进行吸收。在随后的工作过程中，新的理念在某个契机下浮现，从而演化为正式的科技创新观点或技术方法。在这一过程中，知识溢出得以实现。另外，随着交流的增多，企业之间更容易发生技术转让、合作创新等知识溢出行为。

信息交流受到多方面因素的影响，包括信息提供方和信息接收方的理解差异性，信息交流方式，信息本身的重要性、及时性和易理解性，信息交流场地等。为了减少科技园区信息交流的障碍，提高交流的有效性，需要采取加大各园区一体化程度、创造良好的交流条件、运用网络等科技手段创新交流方式、加大交流的频率等措施。

科技园区间的信息交流促进了先进技术在科技园区嵌入的生产网络中传播，提高了园区的整体创新水平；增加了园区企业和机构获取信息资源的渠道，有助于企业获得更大规模、更准确、更及时的信息资源，帮助企业做出更科学合理的决策；加强了生产网络中各主体之间的联系，提高了生产网络的紧密度。通过这三方面的作用，科技园区间的信息交流促进了科技园区地方协同发展。

---

① 赵筱媛. 企业信息资源配置理论方法与战略规划研究［D］. 长春：吉林大学，2005：17－21.

第六节　小　　结

　　详细分析科技园区地方协同发展的影响因素有助于进一步完善科技园区地方协同发展的理论框架，本章从区域、园区、产业、企业、资源五个方面对影响因素进行了分析。五方面因素本身属于不同的层面，归于不同的子系统，又统一于科技园区地方生产网络系统中。五个方面层次较为清晰，在分析过程中重点关注影响因素的作用机理，以便有针对性地制定相关政策以推进科技园区协同发展。

第五章

上海市 P 区科技园区协同
发展的演变过程

　　P 区位于上海市中心区西北部的城郊接合部，面积约 55.47 平方公里，常住人口约 129 万人。区域内科技产业发展具有以下特点：一是区域内拥有较多的工业园区转型而成的科技园区。20 世纪 90 年代，上海市实施"退二进三"的城市发展策略，要求位于城市中心外缘的工业园区和工业楼宇加快产业结构调整升级，发展具有较高附加值和科技含量的产业。P 区恰好地处这一区位，有着较多的工业园区和工业楼宇，且都处于向科技园区和创意园区转型的阶段，具有较大的空间资源和发展潜力。二是区域内拥有丰富的科技创新资源。P 区现有 13 家科研院所、2 家 985 高校、2 家大学科技园，3 家市级产业技术创新联盟，9 家市级以上工程技术中心，3 个国家级重点实验室，5 家上海市专业技术服务平台。在政府的推动下，相关的产学研合作联盟也初步建立。P 区较低的商务、居住和创业成本以及较高的市场服务水平也吸引着众多园区经营者、企业和创业者。在 P 区一段 3 公里的道路两边，汇聚了 10 多家创业园区；而在该区的苏州河两旁，也集聚了 10 多家创意园区。截至 2015 年 12 月底，P 区科技园区中的众创空间备案 27 家，累计创业投资基金规模 19.2 亿元，其中超亿元投资基金 4 家；可提供创业空间面积 8.13 万平方米，公共服务面积 1.93 万平方米；已有 605 家创业企业和 393 个创业团队活跃其中，实现就业 7770 人。三是区域未来将大力推进科技产业发展。根据 P 区"十二五"规划，在"十二五"期间，P 区将围绕建设"上海 XB 新兴商贸科技区"的目标，聚焦"一河五区"空间布局，着力提升发展聚焦度、经济外向度、产业能级度。在 P 区"十三五"的科创发展规划中，区委、区政府十分重视培育地方科技核心竞争力，致力于区域宜创功能的打造，全力建设科创驱动转型实践区。

在当前中国经济转型升级的大背景下，"经济园区化、园区产业化、产业集聚化"已经成为中国经济发展的新趋势。地理临近会引起经济、园区、产业在一定区域范围内产生化学反应，要素的集聚与扩散、技术的创新与扩散、经济的空间布局、产业的溢出效应、制度的变迁与创新等作为动力机制，逐步推动科技园区和区域经济相互促进、共同发展。目前，我国高技术产业呈现由东部向西部、由市区向市郊转移的趋势。由工业园区转型而成科技园区，以及科技园区进一步进行产业结构调整、技术升级，是中国大部分地区科技园区发展的趋势。因此，鉴于 P 区拥有众多的工业转型式科技园区、相对丰富的科技资源和良好的发展趋势，选择其作为此次研究的样本，在一定程度上契合了中国科技园区发展的整体趋势，具有一定的代表性，有利于分析产业转型升级阶段中国科技园区地方协同发展的规律，为国家及地方政府进行科学决策提供一定的理论依据。

本章根据科技园区地方协同发展的驱动机理，对其演变进程进行了阶段划分，并尝试从 P 区科技园区协同发展的历史过程，对其协同发展的驱动机理、协同模式和影响因素进行分析。

第一节　孕育阶段：企业自主阶段

1990～2000 年，P 区科技园区协同发展处于孕育阶段。在这一阶段，P 区大部分园区处于由工业园区向科技园区转型的前期，各园区逐步开始承接市中心高技术企业的转移。区域范围内的生产网络正在形成，网络主体较少；科技园区协同发展主要源于企业自主进行的协同，其相互作用处于低级协同状态，各园区、各企业无序的独立运动占据主导地位。园区企业之间更多是在利益驱使下，基于市场作用而进行简单的分工合作。这一阶段科技园区之间的协同主要由企业要素进行单要素驱动。协同模式主要为生产协同和初级的产业协同。企业因素中的企业家精神、企业竞争和园区因素中的园区区位条件是这一阶段 P 区科技园区协同发展的主要影响因素。

一、驱动机理

这一阶段，P 区科技园区协同发展处于低级协同状态，协同作用在市场的需求作用下自然形成。M 园两届总经理（JWD 先生、WY 女士）都在调研访谈中介绍："M 园的初始阶段，就是利用厂房进行简单租赁，所有的企业都是根据市场需求自然落地的，当中的企业从简单餐饮娱乐、传统织品销售到创意设计、绘画创作、艺术品拍卖的转型，也是出于管理上的便捷、环境的整洁优化和价值利益驱动而做出的市场抉择。""园区的发展规模和声誉度，都还不足以吸引政府层面的密切关注和高度重视，园区之间也是出于一种租赁、招商管理上的简单协同。"可以说，这一阶段，园区之间的协同作用源于企业自发产生的驱动力，在市场对资源配置起着决定性作用的基础上以企业为主体进行协同发展。园区与园区之间的协同，更多地来自企业之间在生产、研发、销售等各环节中的细化分工，只是一种简单的、比较初级的协同。在这一阶段，园区的产业定位不断清晰，主导产业不断集聚。

二、协同模式

（一）生产协同

在这一阶段，部分园区的企业在生产分工的基础上进行了生产协同。由于市中心的部分高技术企业开始向 P 区科技园区转移，在这一过程中，企业根据区位和成本的不同聚集于不同的科技园区。园区之间开始产生科技性的分工合作，部分企业基于产品的相关性和产业链上下游关系进行了生产协同。例如，WLD 园和 TD 园均有 LED 企业，这两个园区的 LED 企业在产品的生产工艺和类型方面进行分工合作，逐渐形成了自身的产品风格——WLD 园的 LED 产品具有大型、室外、技术含量高、适于公共场所使用的特点；而 TD 园的产品则具有小型、室内、适于办公和民用的特点。

（二）产业协同（低级）

由于不同园区在区位和基础设施等方面存在差异，不同的企业开始向不同的园区聚集。区位和基础设施较好的园区，由于交通便捷，大量人才集聚，研发、销售类的企业较多，成为高技术产业的研发性基地；区位相对较差的园区，成为成果转化的生产制造业基地；基础设施较差、商业成本较低但环境较好的园区，开始吸引艺术家入驻，是创意产业聚集之处。由于各个园区的产业刚开始聚集，产业间的协同程度较弱，仅仅处于低级的产业协同状态。

三、影响因素

在这一阶段，企业因素是影响 P 区科技园区协同发展的主要因素，园区因素对 P 区科技园区协同发展也有一定程度的影响。

企业因素中企业家精神和企业竞争在很大程度上促进了 P 区科技园区协同发展。具有开拓精神的企业家更愿意从具有政策约束的市中心转到位于市郊的 P 区寻找发展机会。在落地 P 区之后，也更容易与原有企业和新迁入企业进行合作，带动 P 区科技园区协同发展。在上海市"退二进三"的城市发展策略影响下，市中心的企业外迁成为必然趋势。面对激烈的市场竞争，尽量保持企业原有的竞争力不下降成为至关重要的一点。因此，P 区科技园区良好的区位、深厚的产业基础和大量科技资源吸引了相当一部分外迁企业的目光，这些企业的到来加速了区域内生产网络的形成，也为 P 区科技园区协同发展打下了基础。

园区因素中园区区位条件对 P 区科技园区协同发展也具有一定的贡献度。由于这一阶段科技园区主要进行生产协同，产品流动是关键性的因素，而优良的区位条件可以有效促进产品在科技园区之间的流动，有助于科技园区之间的协同作用。

第二节　发展阶段：政府引导阶段

2000 ~ 2010 年，P 区科技园区协同发展处于发展阶段。在这一阶段，P 区科技园区的产业定位基本形成、产业集聚呈现出一定规模，科技园区本身处于产业主导阶段。政府根据产业集聚的现状进行政策引导，创立和命名了各类科技园区，有意识地对不同的园区进行功能定位和产业引导。科技园区协同发展主要在政府引导之下进行，各园区以销售协同及较高级的产业协同、功能协同和服务协同为主。区域因素中的区域政策法规和产业因素中的主导产业发展状况是这一阶段 P 区科技园区协同发展的主要影响因素。

一、驱动机理

这一阶段，园区产业集聚达到一定的规模，其声誉度和影响力逐渐引起了政府层面的密切关注和高度重视，政府开始对符合条件的园区进行资格认定和命名，并制定相应的政策对通过认定的科技园区进行扶持。TJ 园的董事长 TSS 指出："园区自 2008 年由上海市政府命名创立以后，各级政府都给予了极大的关注和支持，先后授予了'国家工信部中小企业公共服务平台网络单位'、'上海市信息服务业产业基地'、'上海市文化产业园'等荣誉称号，并被认定为'国家级科技企业孵化器'。区发改委、区财政局、区投促办、区税务局为园区量身定制了产业扶持政策，区科委制定了孵化器政策；区商务委将 P 区中小企业公共服务平台设在园区，增强了园区为区域内其他园区和企业服务的功能；街道也非常关心园区的成长，积极帮助园区进行招商引资，并在人才引进、教育培训、医疗服务等方面提供便捷服务。各级政府还通过建立行业协会、召开联谊会、招商推荐会的形式，加大园区间的信息交流。"TD 园总经理 LZJ 先生、WLD 园总经理 ZCF 先生也指出："这一时期，园区之间的协同作用主要是在招商引资方面，园区之间可能互相介绍客户，介绍相匹配的园区资源给企业。"由此可见，这一阶段，政策制定范围覆盖到了公共服务平台、产业扶持政策、招商引资服务等方面，企业根据政府的引导增强了落地的有序性和可能性，不同园区之间的企业通过平台、政策、服务进行着更为广泛和更高层面的协同。

同时，园区企业已具有了较高的协同意识，主动在区域内的科技园之间寻找合作伙伴，园区之间的协同由个别企业之间的协同发展成某一产业的企业之间进行协同的态势。

在这一阶段，P 区科技园区协同发展处于中级协同状态，协同作用主要是在政府主导和企业驱动双因素的作用下形成的。

二、协同模式

（一）销售协同

在该阶段，科技园区之间在产品销售方面进行了相关合作。比如，TD 园利用自己在软件开发方面的优势，举办软件和电子信息产业展销会，邀请了 HD 园、WLD 园、TJ 园等园区的软件开发及电子信息方面的著名企业参加。在展销会上，各园区企业实现了销售信息共享、潜在客户共享、销售空间共享，有助于提高产品销售效果。

（二）产业协同（高级）

在该阶段，各科技园区的产业已基本成型，相互之间具有一定的协同作用。TD 园以计算机服务和软件业为主导产业，WLD 园以电器生产和装备制造为主导产业，HD 园以电子信息和教育装备为主导产业。这些科技园区的主导产业之间形成了联动，TD 园与 HD 园在电子信息方面进行合作，又均与 WLD 园在装备制造业的控制系统方面进行研发合作。M 园和 JY 园均以文化创意产业为主导产业，在创意设计方面有过沟通交流。与上一阶段相比，这一阶段的产业协同程度更高，层次也更高。

（三）功能协同

在该阶段，一方面，科技园区的基本功能实现了错位和互补。如 TJ 园成为国家级科技企业孵化器，TD 园、WLD 园具有强大的科技研发功能。TJ 园中的软件动漫和信息技术企业可以在孵化毕业后，进入到 TD 园等成果转化基地，得以进一步发展壮大。另一方面，园区的特殊功能实现了错位和互补。如HD 园成为人才教育基地，WN 园成为检测认证平台，TD 园成为软件动漫等科技服务业的成果转化基地，WLD 园则成为先进制造业的总部、研发和生产基地。园区中的企业在不同功能的园区进行着相互间的协同作用。

（四）服务协同

在该阶段，一方面，科技园区之间会进行企业资源的有效配置。在科技园区之间，由于彼此相互熟悉，在招商引资的过程中会进行较多的信息沟通，相互推介一些符合不同园区特点的相关企业，引导企业在更适于自身发展的科技园区落地，促进科技园区形成符合自身特点的产业集群。另一方面，科技园区之间会提供政策咨询等方面的增值服务。一些成立较早的科技园区（如 HD 园），会凭借自身对科技产业政策的熟知度，向其他科技园区提供诸如企业注册和产业扶持政策方面的服务输出，既为其他科技园区提供了方便，又拓展了自身品牌。

三、影响因素

在这一阶段，区域因素和产业因素是影响科技园区协同发展的主要因素。

　　区域因素中，区域政策法规对 P 区科技园区协同发展的贡献度最大。政府通过制定产业扶持政策和招商引资政策、建立公共服务平台（P 区中小企业公共服务中心），吸引更多的优质企业入驻科技园区，加快产业集聚速度和生产网络的形成速度；同时，通过建立不同园区之间的信息交流平台（行业协会、联系联谊会）、人力资源流动平台（联合招聘会）等，促进资源要素在科技园区之间的自由流动，实现科技园区间的资源优化配置。

　　产业因素中，主导产业发展状况对 P 区科技园区协同发展的贡献度最大。主导产业是园区内主要发展的产业，它来源于科技园区主要聚集的产业类型，有助于实现园区的功能定位，促进园区的产业协同和功能协同。如 TD 软件园以软件业为主导产业，其功能定位是软件研发；WLD 科技园以电器生产和装备制造为主导产业，其功能定位是生产基地与电器研发中心。可见，该阶段主导产业的发展状况对于 P 区科技园区协同发展具有重要影响。

第三节　成熟阶段：多元驱动阶段

　　2010 年以后，P 区科技园区协同发展处于成熟阶段。在这一阶段，科技园区进入了相对成熟的发展阶段，迈入了创新突破阶段。根据现有的市场状态和生产网络的发展态势，园区之间的协同进入了更高程度的创新突破和转型升级中。科技园区协同发展源于多要素驱动，园区、政府、企业多元要素有机结合、共同驱动。协同模式主要包括创新协同、品牌协同和资本协同。园区因素中的园区创新激励机制和资源因素中的资本要素自由流动是这一阶段 P 区科技园区协同发展的主要影响因素。

一、驱动机理

　　这一阶段，P 区科技园区协同发展处于一种高级的协同状态，协同作用是根据园区、政府和企业（包括科研机构、中介机构等）等多元主体按照市场规律共同作用而形成的。在这一阶段，园区的产业已经高度集聚，政府也高度关注和扶持，园区经过积淀，获得了一定的资金积累和品牌声誉。园区对自身的发展有了更高程度的要求，如筹集一定数量的资金，成立各类产业孵化基金（TJ 园）和科技创业基金（TD 园），为园区内外的企业提供各类创业投资服务。园区还会注重和利用自身品牌的输出，提高品牌增值服务，获得更高品牌影响度和增加值，如 M 园是上海最早的文化创意产业集聚区之一，创立十年，已经成为上海最具国际影响力的时尚创意品牌。2010 年 6 月 3 日，政府与 M 园合作建立的 TP 园在 WWD 路开园，定位于"艺术、创意、生活"的 M 园开始了园区品牌输出的进程。同时，园区之间的各种知识创造与技术创新主体，为了实现科技创新和知识增值，整合成扁平化、自治型的联合创新组织，通过资源整合提高效率。创新协同主要表现为园区之间产学研的深度合作，如 HD 园研发的产品在 TD 园进行成果转化。以园区为核心，园区之间的协同作用源于多元主体混合产生的驱动力。园区与园区之间的协同发生在技术、资金和品牌等方面，这是一种复合的、较高层面的园区协同。

二、协同模式

（一）创新协同

园区之间的创新协同主要表现为以下三种方式：共同研发产品；研发—成果转化；科技成果交易。创新协同一方面促进了园区创新能力的提升，另一方面也促进了人才在园区之间的相互流动。

（二）品牌协同

园区之间主要通过品牌的输出进行协同，品牌输出的园区则获得较高的品牌附加值。最为突出的是 TP 园。TP 园由区政府和 M 园将桃浦凤凰毛毯厂改建而成，园区成为 M 园中关联企业进行展示展销或库存的重要基地，如香格纳画廊在 M 园，而香格纳的展库在 TP 园等。

（三）资本协同

P 区科技园区之间的资本协同带有一定的政策扶持特征。如位于 KJ 园的某投资基金由 P 区政府投资建立，专用于向 P 区各科技园区的高技术企业提供资金支持；又如 TD 园出资 2500 万元参与创建某引导基金（目前基金总额人民币 2.5 亿元），用于对不同园区科技企业进行天使投资。

三、影响因素

在这一阶段，园区因素和资源因素是影响科技园区协同发展的主要因素。

园区因素中的园区创新激励机制对 P 区科技园区协同发展的影响程度最高。通过建立创新激励机制，调动园区企业创新的积极性，释放企业创新活力，充分发挥企业的创新能力，提高不同园区之间创新协同作用的程度和效果。

资源因素中的资本自由流动对 P 区科技园区协同发展的影响程度最高。正是因为天使基金和创业基金可以在区域范围内所有的科技园区内选择投资目标，资本与先进技术得以充分结合。当天使基金和先进企业位于不同科技园区时，资本在科技园区间的优化配置促进了园区具有创新潜力的企业的发展，也促进了科技园区的整体发展。

上海市 P 区科技园区协同发展经历了企业自主、政府引导、多元驱动三个阶段。在不同的阶段，科技园区协同发展的驱动机理、主要协同模式和主要影响因素也在不断地发生变化，总体上呈现出从低级到高级、从简单到复杂、从单要素独立驱动到多要素混合驱动的演变规律，协同范围越来越广、协同程度越来越深、协同效果越来越明显，如表 5-1 所示。

表 5-1　　　　　　　　上海市 P 区科技园区协同发展演变情况

主要特征	1990~2000 年	2000~2010 年	2010 年至今
协同发展阶段	企业自主阶段	政府引导阶段	多元驱动阶段
驱动机理	企业驱动	政府驱动 + 企业驱动	园区、政府、企业多要素共同驱动
协同模式	生产协同	销售协同	品牌协同
	产业协同（低级）	产业协同（高级）	资本协同
		功能协同	创新协同
		服务协同	
影响因素	企业家精神	区域政策法规	园区创新激励机制
	企业竞争	主导产业发展状况	资本自由流动
	园区区位与交通		

第四节　小　　结

　　对于 P 区科技园区协同发展的历史演变情况，本章将其分为三个发展阶段进行了说明。可以看出，P 区地方生产网络的形成和发展与科技园区由工业化向科技化转型紧密联系在一起，为科技园区的协同发展创造了良好的条件。在 P 区科技园区协同发展演化阶段中，地方政府起到了相当大的推动作用，尤其是在协同发展的第二阶段，而这也是中国大部分地区在发展转型过程中的普遍现象。

第六章

上海市 P 区科技园区协同发展现状分析

    本章拟介绍 P 区科技园区目前的基本情况，建立评价体系对各园区发展情况进行评价，运用生产网络理论和分析方法对 P 区科技园区协同发展情况进行分析，探究协同作用程度与科技园区发展情况的相关性。

第一节　上海市 P 区科技园区的基本情况

一、上海市 P 区科技园区的现状

    2013 年 2 月，上海市人民政府正式下发《关于同意创建张江高新区 P 园的批复》。P 园成功获批，意味着 P 区科技板块作为市级高新技术产业园（基地），正式纳入上海张江高新区的发展版图和管理范围。张江高新区 P 园由北区块和南区块组成，总面积约 1020 公顷。张江高新区 P 园正式获批后，P 区将积极对接大张江战略，逐步完备大张江管理体制机制，争取国家和市级政策支持，加大股权激励、科技金融等方面的探索力度，以张江高新区 P 园建设为契机，加快园区创新创业要素集聚和产业结构调整升级，加强创新创业环境优化，推进科技型中小企业加快发展，把张江高新区 P 园建设成为上海生产性服务业基地、软件和信息服务业基地之一，提升区域科技产业发展能级，更好地引领区域科技产业跨越式发展。

    张江高新区 P 园目前主要涵盖 11 个产业园区，可分成南北两区。其中，北区是高新技术产业、先进制造业发展的重要承载区，包括 WLD 高新技术产

业园、TP 科技智慧城、ZR 铁三角科技园和 TJ 大学科技园 HX 园区。南区创新资源丰富，集聚了众多科技园区、科研院所和大型企业，是实现产学研联动、创新发展的重要承载区，在现代服务业、新一代智能电网方面发展优势明显，尤其是软件和信息服务业方面已形成较强基础，有极大的发展潜力，包括 TD 软件园、HD 师范大学科技园、CF 生态商务区、ZH 国际中小企业总部社区、XCY 高新区、WN 科技园和 SH 化工研究院新材料园区。近几年，P 区科技园区呈现出较好的发展势头，园区产业集聚逐步形成，园区规模不断扩大，园区经济占 P 区经济总量的比重不断上升。2011 年，P 区科技园区工业产值总额为204.34 亿元，税收总额 38.96 亿元，技工贸总收入 574.46 亿元。园区正在成为推动 P 区产业结构调整与经济发展方式转变的重要生力军（详见表 6-1）。

表 6-1　　　　　　　　　2011 年上海张江高新区 P 园发展情况　　　　　　单位：亿元

序号	园区名称	工业产值	技工贸总收入	税收
1	TD 软件园	0	35	1.31
2	CF 生态商务区	17.8	124.6	10
3	ZH 国际中小企业总部社区	27.36	79.74	8.46
4	HD 师范大学科技园	1.7	13.67	0.44
5	XCY 高新技术园区	11.52	27.11	2.22
6	WN 科技园	13.73	23.24	1.455
7	SH 化工研究院新材料园区	2.5	3.4	0.26
8	TP 科技智慧城	89	109.74	5.45
9	WLD 高新技术产业园	38.64	139.2	8.73
10	ZR 铁三角科技园	2	18.67	0.63
11	TJ 大学科技园 HX 园区	0.088	0.088	0.005
总　计		204.34	574.46	38.96

二、上海市 P 区科技园区存在的问题

在张江高新区 P 园 "一区多园" 的新模式下，P 区科技园区的发展也面临更大的挑战，主要表现为以下几个方面。

（一）园区分散，各自为政

P 区科技园区由各自分散管理的多个园区组成，各园区管理公司的股权结

构多元化，属于典型的"一区多园"模式。根据管理体制的不同，园区可以分为企业主导型园区（WN 科技园、SH 化工研究院新材料园区）、高校主导型园区（HD 师范大学科技园、TJ 大学科技园 HX 园区）、街道镇主导型园区（TD 软件园、WLD 高新技术产业园、ZR 铁三角科技园、ZH 国际中小企业总部社区）、国资主导型园区（CF 生态商务区、TP 科技智慧城）、村集体主导型园区（XCY 高新技术园）。由于各个园区的管理开发主体属性不同，各园区发展规划、建设开发、招商引资等工作都各自为政，统一协调管理的难度较大。

（二）管理多头、衔接不够

区各职能部门，如科委、商务委、文化局和国资委等部门，分别从各自职能领域对园区进行指导和服务，形成了"权限交错、各管一摊"的局面。同时各部门之间也缺乏一定的衔接，在园区发展和产业规划上存在错位，因此，11 个园区在管理体制上存在多头管理的特点，各个园区之间缺乏事权集中、高度统一的管理机制。此外，各园区人、财、物等实际管理工作仍隶属于各个园区主管单位，如 TD 软件园由 CZ 镇主管、WLD 高新技术产业园由 TP 镇主管，各委办局作为与街镇平级的单位，在一些重大问题决策上协调管理难度较大，存在衔接不够的现象。

（三）相互竞争、产业趋同

各园区分别由不同的管理主体主导，"分灶吃饭"的经营体制，使得"诸侯经济"十分明显，各唱各的调。虽然区政府相关职能部门对各个园区的产业定位、规划布局等方面提供了指导和服务，但由于财税指标的压力，园区之间不可避免地出现了相互竞争，造成了创新要素无法集聚，园区产业特色不明显，客观上阻碍了产业集群的发展。另一方面，由于园区之间并没有建立起分工定位关系和有效的协调合作机制，使得园区之间缺少基于创新链的分工与合作。这些现象严重影响了 P 区科技园区核心竞争力的提高。

面对上述情况，P 区科技园区亟待在协同发展的组织结构、管理模式等方面进行改革创新，强化规划引领、政策导向，统一管理，才能有效对接张江高新区，整合区域资源、调动各方面的积极性，实现"十三五"规划提出的目标。而本章对 P 区科技园区协同发展的实证分析将为其提供重要的理论支撑和实践论证。

第二节　上海市 P 区样本园区的选择

P 区共有 11 个产业园区（WLD 高新技术产业园、TP 科技智慧城、ZR 铁三角科技园、TJ 大学科技园 HX 园区、TD 软件园、HD 师范大学科技园、CF 生态商务区、ZH 国际中小企业总部社区、XCY 高新技术区、WN 科技园和 SH 化工研究院新材料园），5 栋科技楼宇（TJ 文化信息港、KJ 大厦、KJ 馆、SH 电科大厦、MY 科技企业总部大厦），7 个创意园区（M 创意产业园、TPM 创意产业园、JY 时尚产业园、ZH 创意产业园、E 仓创意产业园、CYJS 谷、SH 汇）。考虑到产业园区、科技楼宇和创意园区都具有高新区发展的"五元"驱动要素和创新、创造的科技属性，笔者将 23 个园区一并认定和纳入本书科技园区的研究范畴和统计范围。

鉴于科技园区的协同作用在具有一定规模的科技园区之间表现得更明显，我们对各科技园区 2011～2013 年的年产值、年营业额、入驻企业数量这三项指标进行综合评价。我们剔除了年产值和年营业额太低、入驻企业太少的 7 个产业园区、科技楼宇和创意园区（主要包括 TJ 大学科技园 HX 园区、SH 化工研究院新材料园 2 个产业园区，SH 电科大厦、MY 科技企业总部大厦 2 栋科技楼宇，E 仓创意产业园、CYJS 谷、SH 汇 3 个创意园区），同时考虑到 CF 生态商务区、ZH 国际中小企业总部社区和 TP 科技智慧城三个在建园区属于综合性园区，难以取得相关数据，故也进行了剔除。最终，我们确定了其中 13 个园区（楼宇）作为本次研究的样本园区。经过长时间地对 13 个园区（楼宇）的实地走访和问卷调查，得到了宝贵的第一手资料。在对所获取的数据进行梳理之后我们发现，其中 3 个科技园区（楼宇）的数据缺失程度较为严重（主要包括 ZR 铁三角科技园、XCY 高新技术区、KJ 馆），难以进行协同发展分析，不得不将之剔除，最终确定了 10 个科技园区（楼宇）作为 P 区科技园区协同发展研究的样本园区，分别是：4 个产业园区：WLD 高新技术产业园（简称 WLD 园）、TD 软件园（简称 TD 园）、HD 师范大学科技园（简称 HD 园）、WN 科技园（简称 WN 园）；2 栋科技楼宇：TJ 文化信息港（简称 TJ 园）、KJ 大厦（简称 KJ 园）；4 个创意园区：M 创意产业园（简称 M 园）、TPM 创意产业园（简称 TP 园）、JY 时尚产业园（简称 JY 园）、ZH 创意产业园（简称 ZH 园）。10 个科技园区（楼宇）的基本情况如表 6 - 2 所示。

表 6 - 2　　　　　　　上海市 P 区样本科技园区（楼宇）基本情况

园区名称	建筑面积（平方米）	营业收入（万元）	税收（万元）	主导产业
TD 园	110000	376700	19500	信息传输、计算机服务和软件业
WLD 园	714600	1334481	82083	电器生产、装备制造、现代物流、LED
WN 园	144000	175000	6885	智能电工
HD 园	120000	96519	3770	电子信息、先进制造、教育信息与教育装备等
TJ 园	20000	83620	4445	信息类、科技类、文化创意类
KJ 园	25000	709705	19330	现代服务业和信息科技产业
M 园	43000	30731	371	画廊、艺术家工作室、设计公司
TP 园	23138	11092	849	文化创意产业
JY 园	20549	579274	4223	广告、设计、IT、商贸等
ZH 园	18700	9800	88	文化、传媒、动漫、广告等
合计	1238987	3406922	141544	

各园区具体情况如下。

一、TD 园

TD 园创建于 2004 年，是一家以文化创意产业、软件和信息服务业为主的高科技产业园区。园区占地面积近 100 亩，建筑面积 110000 平方米，共 26 幢园区标准厂房。园区先后获得"市创意产业示范集聚区"、"市信息技术服务外包专业园区"、"市电子商务示范区"、"市信息服务产业基地"、"国家级文化产业示范基地"等荣誉称号。

截至 2013 年，园区共引进企业 400 多家，其中实地经营企业 170 家，从业人员 8000 多人。2013 年，园区实现产值近 40 亿元人民币，实现税收 1.95 亿元人民币，其中区级税收近 6000 万元，拥有百万纳税企业 30 多家。

园区以文化创意、软件和信息服务、半导体照明产业为主导产业，形成了集园区开发、产业投资和增值服务为一体的综合发展新模式，拥有帝联信息、冈三华大、科锐光电等行业内知名优秀企业。

二、WLD 园

WLD 园是上海市政府规划建设的 26 个市级开发区之一，于 2001 年 11 月获批成立，占地约 0.97 平方公里，建筑面积 714600 平方米。园区曾荣获 2 届"上海市品牌建设优秀园区"、"上海市市级文明单位"、"上海市优秀基层党组织"等称号。

WLD 园 2008 年被评为上海市品牌建设优秀园区，2009 年被列为 P 区重点发展的科技板块，2012 年被纳入张江 P 园的组成板块。截至 2013 年，园区共引入企业 350 多家，员工近 7000 人，2013 年营业收入超过 130 亿元人民币，上缴税收约 8 亿元人民币，从 2003 年起累计上缴税收近 40 亿元人民币。

WLD 园区以电器生产、装备制造、现代物流、LED 等产业为主导产业，现有世界 500 强企业法国施耐德（SCHNEIDER）、行业龙头企业芬兰科尼起重机（KONECRANES）、美国艾佩达（APW）、日本佐川急便（SAGAWA）、上海航天电器科工研究院有限公司、上海医药物流配送中心等国内外知名企业 27 家。

三、WN 园

WN 园是 2003 年 12 月成立的智能电工与相关技术领域综合类科技创新科技园区。园区现有商务办公、研发检测、产业化用房共 33 幢，总建筑面积为 14.4 万平方米。

WN 园共有 4 个行业级、7 个市级和 6 个国家级创新平台，以及"低压电器及智能电器研发公共服务平台"和"节能型电机研发公共服务平台"两个研发平台。园区拥有低压电器及中小型电机相关产品试验测试中心共 5 个，设有可靠性实验室、LC 回路室、电气环境特性实验室、智能交通实验室、总线系统实验室、电机性能实验室等国家级重点实验室及科技成果产业化用房。

园区以智能电器、电机及系统节能、网络化集控、智能交通机电系统等产业为主导产业，重点吸引行业内国际知名、技术领先的国内外科技研发、咨询服务、检测认证、科技成果产业化等各类企业入户园区。2013 年，园区年产值近 18 亿元人民币，上缴税收近 7000 万元人民币。园区内有上海电器科学研究所（集团）有限公司、上海电机系统节能工程技术研究中心有限公司、上海电科智能系统股份有限公司等知名企业。

四、HD 园

HD 园始建于 2001 年，是 HD 师范大学与上海市 P 区人民政府共建的大学科技园，建筑面积达 12 万平方米。在 2006 年 10 月被国家科技部、教育部认定为 HD 师范大学国家大学科技园。

园区依托 HD 师范大学的优势学科，以信息学院、软件学院和教育信息技术系等为智库，以"数字化教育装备"等 6 个国家、省部级重点实验室和工程中心为技术支撑，重点培育孵化教育装备、教育信息、教育咨询和培训等与教育有关的新兴特色产业群，目前入驻企业主要从事电子信息、生物医药与医疗器械、教育信息与教育装备等技术领域的研发与服务。

2008 年 5 月园区管理公司全额投资组建了专职孵化器公司——上海 HD 师大科技园孵化器有限公司，为项目落地、孵化推进等提供专业技术支撑，进一步加强产学研对接合作。

截至 2013 年，园区正常经营的科技企业 400 多户，注册资金近 9 亿元，累计创税 3 亿元。园区企业申请专利 321 项，专利授权 166 项；高新技术企业 12 家，上海市认定的高新技术成果转化项目 7 项，P 区小巨人企业 3 家，上海市创新型企业 1 家，加盟"上海市研发公共服务平台"1 家；承担各级各类科技项目 59 项，获得政府各类资金扶持近 3000 万元。2013 年园区营业收入近 10 亿元人民币，上缴税收总额约 4000 万元人民币。园区内有上海卡勒幅磁共振技术有限公司、上海市房屋建筑设计院等著名企业。

五、TJ 园

TJ 园位于 TJD 路，是以科技信息、研发设计为集聚方向的高科技产业园区。2008 年经上海市 P 区人民政府批准设立，园区占地面积 9673.52 平方米，总建筑面积 20000 平方米。自成立以来，园区先后获得了"国家工信部中小企业公共服务平台网络单位"、"上海市信息服务业产业基地"、"上海市文化产业园"等荣誉称号。

2012 年，TJ 园被认定为"国家级科技企业孵化器"。园区拥有面积为 1100 平方米的创业苗圃，构建了从"创业苗圃"到"孵化培育"再到"加速发展"的全方位孵化模式。目前园区共有注册企业 300 余家，其中在孵企业

73 家，毕业企业 21 家，设立孵化基金 2000 万元，其中持股孵化企业 15 家，共涉及资金 1800 万元。2013 年园区营业收入超过 8 亿元人民币，上缴税收约 4000 万元人民币。

园区定位于以科技信息技术、研发设计创意与现代商务发展紧密结合的发展模式，入驻企业和项目涵盖软件开发、移动互联网、电子商务等信息技术专业领域。现已拥有一批高成长性的科技型企业及部分战略性新兴产业的领军科技企业，具有一定的品牌效应。

六、KJ 园

KJ 园是上海市 P 区的现代化智能型写字楼，共 18 层楼面，占地面积约 4000 平方米，建筑面积 2.5 万平方米。主要产业包括商贸服务产业、信息科技产业、医药行业、金融业和房地产业等。KJ 园共有 17 家企业，包括世界 500 强企业投资的约克（中国）商贸有限公司，还有复星药业、江森自控等国内著名企业。截至 2013 年，KJ 园资产总额约 30 亿元人民币，营业收入超过 70 亿元人民币，税收 2 亿元人民币。

七、M 园

M 园位于上海市 P 区苏州河沿岸的 MGS 路，园区占地面积约 41 亩，拥有自 20 世纪 30 年代至 90 年代各个历史时期的工业建筑 43000 平方米，是上海创意产业最早的聚集区之一。

M 园最早为近代徽商代表人物之一周氏的信和纱厂，新中国成立后先后改名为上海第十二毛纺织厂和上海春明纺织厂。1998 年，台湾地区的设计师登琨艳被此地所吸引，开始在此处进行艺术创作，拉开了上海创意产业往苏州河沿岸聚集的序幕。2002 年改名为 "上海春明都市型工业园区"，吸引了大批画廊和艺术家入驻。2004 年更名为 "春明艺术产业园"，2005 年正式改名为 M 园，成为上海市经委挂牌的上海创意产业聚集区之一。目前园区共有 20 个国家和地区的 140 户艺术家工作室、画廊、高等艺术教育及创意设计机构[①]。

---

① 洪启东，童千慈．文化创意产业城市之浮现：上海 M50 与田子坊个案［J］．世界地理研究，2011（6）：65－75．

M 园主要以文化创意产业为主导产业，以"艺术、创意、生活"为核心价值，园区内有丁乙、张恩利、浦捷等著名国内艺术家，以及上海香格纳文化艺术品有限公司、复旦大学上海视觉艺术学院等创意企业或高等艺术教育及创意设计机构。园区 2013 年营业收入总额约 3 亿元人民币，上缴税收近 400 万元人民币。

八、TP 园

TP 园是 P 区政府与 M 园合作在桃浦镇新建立的创意园区。园区位于 P 区 WW 路，前身是上海凤凰毛毯厂，2010 年正式建立，2011 年被上海市授予"上海市文化产业园区"的荣誉称号。

TP 园占地面积 43.5 亩，拥有 15 幢大小不一、形态各异、风貌独特的建筑群，总建筑面积为 23138 平方米。园区以文化艺术产业为主导产业，以现代设计、咨询策划为辅助产业。截至 2013 年，园区入驻面积达到 21518 平方米，入驻率达到 93%；入驻企业总产值为 1.14 亿元人民币，利税 849.7 万元，共有员工 600 余人。园区有香格纳展库、艺玖空间、跨盈信息科技有限公司等著名企业。

九、JY 园

JY 园是由上海市纺织原料公司和上海纺织原料公司长寿路仓库共同建设的产业园区，其原址前身是日华纺织株式会社"日华制麻公司"（日资），1946 年 1 月改为中国纺织建设公司上海麻袋厂，上海解放后改为国营上海麻袋厂，1962 改建为长寿路仓库。2009 年 7 月获上海市经信委批准建立产业园，是上海市经信委第五批授牌的市级创意产业集聚区。

JY 园占地面积 24.1 亩，总建筑面积 20549 平方米，总投资累计 2830 万元。园区以时尚、设计、文化、现代为特征，以纺织、服装设计、家具设计、工业设计、建筑设计等创意产业为主导产业。截至 2013 年，园区共有 50 多家企业，营业收入接近 60 亿元人民币，税收 4000 多万元，员工近 1000 人。

十、ZH 园

ZH 园是原中华书局的所在地，2009 年 12 月取得上海市同意在此建立文化创意产业集聚区的立项批复，2011 年成为上海市 12 家创意产业集聚区之一。

园区占地面积 8000 平方米，建筑总面积 18700 平方米，可出租面积 16500 平方米，目前出租率约 80%，入驻企业 130 家，注册企业 170 家，主导产业企业数 118 家，餐饮休闲服务配套企业 10 家，从业人员 800 余人。2013 年上缴税收 300 万元，营业收入 6000 万元，招商引资注册资金 6500 万元。

园区内建有 P 区青年大学生孵化基地示范区，基地建筑面积 3000 平方米，设立了近 100 个相对独立的办公区域，并配有齐全的办公设施，为创业者提供专业的创业指导、创业咨询等服务，并于 2013 年 11 月被认定为上海市孵化基地示范区。

园区主导产业定位于文化传媒创意产业。文化类产业包括影视、动漫制作，新闻传媒，印刷、摄影、多媒体，中外传统文化作品展示等。其他配套、辅助产业包括广告创意设计、时尚设计、城市规划、景观设计等，以及市场、产品咨询策划创意、文化创意类会展服务等。园区内有迈奔灵动科技（北京）有限公司、中广美意等知名企业。

第三节　上海市 P 区科技园区综合评价

一、上海市 P 区科技园区综合评价指标的建立

自国家高新区建立以来，科技部火炬中心先后于 1993 年、1999 年、2004 年和 2008 年四次制定和修改了国家高新区评价指标体系。2013 年，为了适应新的发展形势的需要，科技部出台了最新版国家高新区评价指标体系。该评价指标体系基本继承了国家高新区评价指标体系制定原则，更加注重方向引导，更加突出创新驱动，在指标框架形式上更为简化，在指标设置上更为优化，在指标评价参考上更为科学合理，在执行上更具可操作性[①]。

新的评价指标体系由知识创造和技术创新能力、产业升级和结构优化能力、国际化和参与全球竞争能力、高新区可持续发展能力 4 个一级指标构成，

---

① 宋捷，李忠，吴良夫. 建立科学评价体系　指导园区转型升级［N］. 中国高新技术产业导报，2013 年 7 月 29 日，B07 版.

下设 40 个二级指标（详见表 6 – 3）。

表 6 – 3　　　　　　　国家高新区评价指标体系（2013 年修订版）

一级指标	二级指标	赋权	来源
知识创造和技术创新能力 30%	1.1 万人拥有本科（含）学历以上人数	1.0	统计
	1.2 企业万元销售收入中 R&D 经费支出	1.1	统计
	1.3 国家级研发机构数	0.9	统计
	1.4 国家级孵化器数	0.8	统计
	1.5 内资控股企业万人当年新增发明专利授权数	1.1	统计
	1.6 管委会当年财政支出中对科技的投入额	0.8	统计
	1.7 人均技术合同交易额	1.0	统计
	1.8 工业增加值率	1.1	统计
	1.9 企业利润率	1.1	统计
	1.10 园区管委会的体制机制创新和有效运作评价	1.0	调查
	1.11 园区发展符合国家导向评价	1.0	定性
产业升级和结构优化能力 30%	2.1 营业收入超 30 亿元高新技术企业数	0.8	统计
	2.2 服务收入占营业总收入比例	1.1	统计
	2.3 人均增加值	1.1	统计
	2.4 高新技术企业数占企业总数比例	1.0	统计
	2.5 国家级产业服务促进机构数	0.8	统计
	2.6 万人当年新增的知识产权数（含注册商标）	1.0	统计
	2.7 万人拥有的上市企业数量	1.0	统计
	2.8 企业净资产利润率	1.1	统计
	2.9 从业人员人均工资性收入占人均增加值的比例	1.1	统计
	2.10 园区科技金融发展状况评价	1.0	调查
	2.11 园区战略性新兴产业和创新型集群培育和发展状况评价	1.0	定性
国际化和参与全球竞争能力 20%	3.1 海外留学归国人员和外籍常驻人员占从业人员的比例	1.0	统计
	3.2 高新技术企业出口额占园区营业收入的比例	1.1	统计
	3.3 技术服务出口额占出口总额的比例	1.0	统计
	3.4 企业设立的境外分支机构数	0.8	统计
	3.5 万人当年新增欧美日注册商标数	1.1	统计
	3.6 万人当年新增欧美日专利授权数	1.1	统计
	3.7 企业累计参与制定产业国际标准数	0.9	统计
	3.8 当年内资控股企业的海外直接投资额	0.8	统计
	3.9 园区实施人才战略与政策的绩效评价	1.1	调查
	3.10 园区宜居性和城市服务功能的完善程度评价	1.1	定性

续表

一级指标	二级指标	赋权	来源
高新区可持续发展能力 20%	4.1 从业人员数增长率	1.1	统计
	4.2 从业人员中硕士和博士占比	1.0	统计
	4.3 企业数量增长率	1.1	统计
	4.4 企业上缴税收总额增长率	1.0	统计
	4.5 当年新增投资总额	0.8	统计
	4.6 单位增加值综合能耗	1.0	统计
	4.7 园区"政产学研资介用"合作互动与知识产权保护评价	0.9	调查
	4.8 园区参与评价工作所报数据的客观性、准确性和完整性评价	1.1	定性

资料来源：中华人民共和国科学技术部网站。

2013 年的高新区评价指标细化全面，尤其注重定量分析，指标设置更为充分合理。但同时我们可以注意到，正是由于其对定量分析的高要求，许多指标难以采集。因此，在对 2013 年的高新区评价指标进行筛选的基础上，考虑数据可得性和全面性，参考张新明（2013）的实用型高新区评价指标体系，结合 P 区科技园区的实际情况，本章最终确立了 P 区科技园区综合评价指标体系。该体系由四个一级指标构成，分别是"创新能力"、"规模经济能力"、"国际竞争力"和"持续发展能力"，下设 18 个二级指标。具体指标如表 6 - 4 所示。

表 6 - 4　　2011 ~ 2013 年上海市 P 区科技园区发展情况综合评价指标体系

目标层	一级指标	二级指标
园区综合发展能力	创新能力	1.1 千人拥有研发人员数（人）
		1.2 千人拥有理工类本科（含）学历以上人数（人）
		1.3 企业万元销售收入中科研经费支出（元）
		1.4 千人拥有发明专利累计授权数（个）
		1.5 企业利润率（%）
	规模经济能力	2.1 单位面积营业总收入（元/平方米）
		2.2 单位面积的资产总额（元/平方米）
		2.3 千人拥有的商标数（个）
		2.4 高新技术产业营业总收入占高新区营业总收入的比例（%）
		2.5 高新技术企业数占区内企业总数的比例（%）
		2.6 人均税收总额（元/人）

续表

目标层	一级指标	二级指标
园区综合 发展能力	国际竞争力	3.1 高新技术产品出口额占高新区出口总额的比例（%）
		3.2 内资控股企业高新技术产品出口额占高新区出口总额的比例（%）
		3.3 内资控股企业专利授权数占高新区专利授权数的比例（%）
	持续发展 能力	4.1 千人拥有的大专（含）学历以上从业人数（人）
		4.2 千人拥有的投资机构和金融机构从业人数（人）
		4.3 千人拥有的企业经营管理者人数（人）
		4.4 科技人员年均收入（元）

二、上海市 P 区科技园区评价方法

（一）层次分析法

层次分析法也称 AHP 法，由美国著名的运筹学家萨蒂（Thomas L. Saaty）教授于 20 世纪 70 年代提出。层次分析法将一个复杂的多目标决策问题作为一个系统，将目标分解为多个指标或准则，进而分解为多指标的若干层次，通过定性指标模糊量化方法算出层次单排序（权数）和总排序，以达到最优决策效果。

层次分析法首先通过分析目标决策的影响因素及其相互作用，将各因素分解为不同的指标和层级，形成多层次结构。接着，对因素的重要性进行两两比较，逐层用 1~9 标度法进行打分。然后将打分结果以矩阵方式显示，计算矩阵的标准化特征向量并进行一致性检验。在得到某一层次各项指标的重要性权重值之后，与上一层因素的权重值进行加权综合，可计算出该层次因素相对于上一层次的相对重要性权重值，即层次总排序权重值①。

层次分析法具体步骤如下：第一步，确定各因素相互之间的关系，画出层次结构图；第二步，编制专家权重评议表；第三步，请专家在充分了解各因素的情况下进行评价；第四步，构造两两比较的判断矩阵；第五步，确定相对权重；第六步，计算单权重值和最大特征根；第七步，一致性检验；第八步，计

---

① 金志农，李端妹，金莹，熊妮. 地方科研机构绩效考核指标及其权重计算——基于专家分析法和层次分析法的对比研究 [J]. 科技管理研究，2009（12）：103 – 106.

算总权重；第九步，根据总权重进行综合计算分析并排序①。

（二）主成分分析法

主成分分析法又称主分量分析法，主要是通过降维的思想，把与一个问题相关的诸多指标简化成少数几个互不相关的指标，以这几个重要指标代替原来的诸多指标进行统计分析。在分析实际问题的过程中，为了全面、详细地了解相关信息，往往需要收集与待解决问题相关的诸多影响因素。这些影响因素都反映了所研究问题的某一方面的信息，相互之间往往存在重叠之处，在用统计方法进行处理的过程中，会增加分析过程的计算量和复杂性。在这种情况下，运用主成分分析法通过对相关信息进行压缩，可以在最大限度保留原有信息的基础上将诸多影响因素简化为少数几个互不相关的影响因素，极大地简化了分析过程②。

主成分分析法计算步骤如下：第一步，对原始数据进行无量纲化处理；第二步，建立相关系数矩阵；第三步，计算出矩阵的特征值和相应的正交化单位特征向量；第四步，通过特征值计算出的方差贡献率大小确定主成分；第五步，计算主成分得分；第六步，计算样本的综合得分，并进行综合评价。

三、上海市 P 区科技园区发展情况综合评价实证分析

（一）数据获取及处理

为获取 P 区科技园区发展的相关数据以进行评价指标体系的实证研究，笔者赴 10 个园区进行了实地调查，在园区管理委员会的帮助下，获取了 TD 园等 10 个园区 2011 年至 2013 年的相关经济数据（详见附录六）。

根据表 6 - 4 所确定的评价体系，对于各项评价指标，采用公式 $X_{ij} = X/X_{max}$ 进行标准化。其中，X_{ij} 表示 i 园区的第 j 项指标，X_{max} 表示 2011 年至 2013 年所有园区该项指标的最大值。这样就得到了各园区综合评价指标的相关数据，具体见表 6 - 5、表 6 - 6 和表 6 - 7。

---

① 王晖，陈丽，陈垦，薛漫清，梁庆. 多指标综合评价方法及权重系数的选择 [J]. 广东药学院学报，2007（5）：53 - 589.

② 孙亚芳. 山西省省级企业技术中心评价研究 [D]. 太原：山西大学，2007：33 - 35.

表6-5　　　　2011 年上海市 P 区科技园区发展能力综合评价标准化数据

TD 园	WLD 园	WN 园	HD 园	TJ 园	KJ 园	M 园	TP 园	JY 园	ZH 园
0. 508	0. 369	0. 407	0. 131	0. 837	0. 073	0. 382	0. 207	0. 173	0. 226
0. 420	0. 599	0. 501	0. 385	0. 820	0. 584	0. 591	0. 133	0. 676	0. 808
1. 000	0. 447	0. 410	0. 751	0. 521	0. 091	0. 352	0. 124	0. 146	0. 873
0. 029	0. 104	0. 024	0. 123	0. 063	0. 031	0. 119	0. 505	0. 096	0. 061
0. 939	0. 300	0. 403	0. 140	0. 356	0. 134	0. 308	0. 000	0. 027	0. 193
0. 099	0. 037	0. 051	0. 655	0. 036	0. 553	0. 032	0. 005	0. 800	0. 007
0. 132	0. 073	0. 126	0. 617	0. 016	0. 427	0. 023	0. 015	0. 080	0. 019
0. 057	0. 134	0. 069	0. 295	0. 671	0. 059	0. 114	0. 098	0. 217	0. 214
1. 000	0. 598	0. 453	0. 137	0. 137	0. 102	0. 000	0. 046	0. 055	0. 275
0. 147	0. 212	1. 000	0. 052	0. 031	0. 506	0. 094	0. 000	0. 000	0. 034
0. 129	0. 938	0. 117	0. 133	0. 073	0. 364	0. 108	0. 124	0. 341	0. 011
0. 193	0. 356	0. 000	0. 909	0. 000	0. 000	0. 000	0. 000	0. 000	0. 000
0. 429	0. 827	0. 000	0. 000	0. 000	0. 000	0. 000	0. 000	0. 000	0. 000
0. 783	0. 761	1. 000	0. 167	1. 000	0. 333	0. 273	1. 000	0. 000	0. 000
0. 929	0. 490	0. 363	0. 766	0. 786	0. 709	0. 471	0. 494	1. 000	0. 692
0. 054	0. 069	0. 005	0. 011	0. 000	0. 000	0. 996	0. 000	0. 000	0. 000
0. 144	0. 493	0. 327	0. 519	0. 353	0. 244	0. 848	0. 590	0. 555	0. 457
0. 858	0. 862	0. 790	0. 698	0. 799	0. 880	0. 875	0. 764	0. 636	0. 679

资料来源：作者根据 2013 年上海市 P 区科技园区调查问卷整理所得。

表6-6　　　　2012 年上海市 P 区科技园区发展能力综合评价标准化数据

TD 园	WLD 园	WN 园	HD 园	TJ 园	KJ 园	M 园	TP 园	JY 园	ZH 园
0. 552	0. 456	0. 423	0. 110	0. 859	0. 068	0. 481	0. 170	0. 172	0. 229
0. 409	0. 660	0. 519	0. 391	0. 696	0. 606	0. 660	0. 147	0. 579	0. 800
0. 845	0. 461	0. 444	0. 740	0. 455	0. 114	0. 328	0. 182	0. 149	0. 426
0. 040	0. 128	0. 038	0. 143	0. 199	0. 046	0. 187	0. 728	0. 000	0. 067
0. 873	0. 299	0. 393	0. 054	0. 412	0. 134	0. 399	0. 000	0. 025	0. 317
0. 111	0. 042	0. 063	0. 582	0. 082	0. 579	0. 028	0. 007	0. 947	0. 009
0. 133	0. 008	0. 127	0. 780	0. 028	0. 457	0. 024	0. 012	0. 090	0. 017
0. 100	0. 194	0. 075	0. 338	0. 580	0. 061	0. 146	0. 283	0. 220	0. 206
0. 847	0. 560	0. 716	0. 167	0. 147	0. 108	0. 039	0. 069	0. 059	0. 225
0. 183	0. 207	0. 926	0. 044	0. 027	0. 476	0. 144	0. 079	0. 050	0. 068
0. 209	1. 000	0. 127	0. 091	0. 098	0. 342	0. 107	0. 171	0. 288	0. 012
0. 184	0. 401	0. 000	1. 000	0. 000	0. 000	0. 000	0. 000	0. 000	0. 000

续表

TD 园	WLD 园	WN 园	HD 园	TJ 园	KJ 园	M 园	TP 园	JY 园	ZH 园
0. 438	1. 000	0. 000	0. 000	0. 000	0. 000	0. 000	0. 000	0. 000	0. 000
0. 677	0. 867	1. 000	0. 243	1. 000	0. 471	0. 278	0. 889	0. 000	0. 000
0. 939	0. 489	0. 354	0. 770	0. 688	0. 783	0. 554	0. 549	0. 925	0. 686
0. 053	0. 084	0. 018	0. 030	0. 004	1. 000	0. 000	0. 000	0. 000
0. 180	0. 610	0. 383	0. 580	0. 437	0. 245	0. 995	0. 526	0. 512	0. 944
0. 878	0. 846	0. 812	0. 824	0. 821	0. 964	0. 894	0. 788	0. 674	0. 749

资料来源：作者根据 2013 年上海市 P 区科技园区调查问卷整理所得。

表 6 - 7　　2013 年上海市 P 区科技园区发展能力综合评价标准化数据

TD 园	WLD 园	WN 园	HD 园	TJ 园	KJ 园	M 园	TP 园	JY 园	ZH 园
0. 543	0. 420	0. 437	0. 111	1. 000	0. 068	0. 471	0. 139	0. 220	0. 205
0. 434	0. 638	0. 522	0. 385	1. 000	0. 665	0. 599	0. 167	0. 667	0. 808
0. 094	0. 560	0. 508	0. 718	0. 468	0. 096	0. 317	0. 779	0. 184	0. 315
0. 052	0. 330	0. 042	0. 150	0. 316	0. 069	0. 204	1. 000	0. 000	0. 051
1. 000	0. 272	0. 399	0. 074	0. 357	0. 078	0. 282	0. 000	0. 027	0. 249
0. 117	0. 036	0. 069	0. 463	0. 069	0. 748	0. 034	0. 013	1. 000	0. 016
0. 132	0. 008	0. 129	0. 818	0. 021	0. 433	0. 026	0. 014	1. 000	0. 014
0. 111	0. 205	0. 107	0. 319	0. 749	0. 066	0. 143	1. 000	0. 229	0. 179
0. 897	0. 719	0. 760	0. 279	0. 124	0. 062	0. 061	0. 082	0. 073	0. 146
0. 212	0. 189	0. 630	0. 044	0. 025	0. 476	0. 212	0. 146	0. 100	0. 079
0. 178	0. 914	0. 119	0. 099	0. 107	0. 409	0. 090	0. 149	0. 338	0. 008
0. 266	0. 522	0. 998	0. 000	0. 000	0. 000	0. 000	0. 000
0. 537	0. 668	0. 000	0. 000	0. 000	0. 000	0. 000	0. 000
0. 833	0. 774	0. 444	0. 262	1. 000	0. 500	0. 320	0. 914	0. 000	0. 000
0. 942	0. 562	0. 342	0. 760	0. 929	0. 789	0. 458	0. 595	0. 946	0. 692
0. 056	0. 078	0. 017	0. 028	0. 000	0. 004	0. 834	0. 000	0. 000
0. 199	0. 579	0. 424	0. 617	0. 443	0. 263	0. 893	0. 576	0. 553	1. 000
0. 969	0. 894	0. 844	0. 807	0. 876	1. 000	0. 916	0. 805	0. 715	0. 778

资料来源：作者根据 2013 年上海市 P 区科技园区调查问卷整理所得。

（二）评价指标权重确定

本章运用 yaahp 7.5 软件来确定各项评价指标的权重。首先，根据所选择的评价指标体系构建结构模型（见图 6 - 1）；其次，用德尔菲法设置权重，请科委、文化局、科投公司和科技园区管委会等部门和单位的 15 位有关专家对各决策目标的权重进行打分，根据专家打分结果确定判断矩阵；接下来对矩阵进行一致性检验，要求一致性 $CI = (\lambda - n)/(n - 1) < 0.1$；在通过检验后，运行软件以计算出各项指标的权重。各指标权重见表 6 – 8。

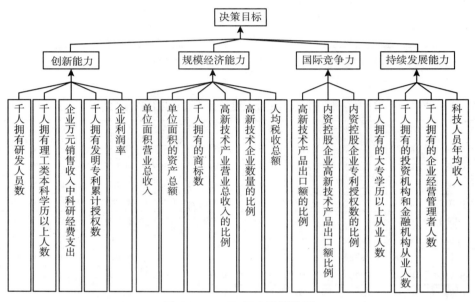

图 6 – 1   AHP 层次结构模型

资料来源：作者通过 yaahp 7.5 作图所得。

表 6 – 8   2011 ~ 2013 年上海市 P 区科技园区发展
评价指标体系各指标权重

目标层	一级指标	权重	二级指标	权重
园区综合发展能力	创新能力	0.3599	1.1 千人拥有研发人员数（人）	0.0847
			1.2 千人拥有理工类本科（含）学历以上人数（人）	0.0741
			1.3 企业万元销售收入中科研经费支出（元）	0.0794
			1.4 千人拥有发明专利累计授权数（个）	0.0635
			1.5 企业利润率（%）	0.0582

续表

目标层	一级指标	权重	二级指标	权重
园区综合发展能力	规模经济能力	0.28	2.1 单位面积营业总收入（元/平方米）	0.0679
			2.2 单位面积的资产总额（元/平方米）	0.0339
			2.3 千人拥有的商标数（个）	0.0424
			2.4 高新技术产业营业总收入占高新区营业总收入的比例（%）	0.0594
			2.5 高新技术企业数占区内企业总数的比例（%）	0.0509
			2.6 人均税收总额（元/人）	0.0255
	国际竞争力	0.1599	3.1 高新技术产品出口额占高新区出口总额的比例（%）	0.0622
			3.2 内资控股企业高新技术产品出口额占高新区出口总额的比例（%）	0.0533
			3.3 内资控股企业专利授权数占高新区专利授权数的比例（%）	0.0444
	持续发展能力	0.2	4.1 千人拥有的大专（含）学历以上从业人数（人）	0.0615
			4.2 千人拥有的投资机构和金融机构从业人数（人）	0.0462
			4.3 千人拥有的企业经营管理者人数（人）	0.0385
			4.4 科技人员年均收入（万元）	0.0538

资料来源：作者通过 yaahp 7.5 计算所得。

（三）评价结果分析

根据表 6-8 所确定的 P 区科技园区发展情况综合评价指标权重，最终确定的各园区发展情况综合评价结果如表 6-9、表 6-10 和表 6-11 所示。

表 6-9　　　　2011 年上海市 P 区科技园区发展能力综合评价结果

TD 园	WLD 园	WN 园	HD 园	TJ 园	KJ 园	M 园	TP 园	JY 园	ZH 园
0.043	0.031	0.034	0.011	0.071	0.006	0.032	0.018	0.015	0.019
0.031	0.044	0.037	0.029	0.061	0.043	0.044	0.010	0.050	0.060
0.079	0.035	0.033	0.060	0.041	0.007	0.028	0.010	0.012	0.069
0.002	0.007	0.002	0.008	0.004	0.002	0.008	0.032	0.006	0.004
0.055	0.017	0.023	0.008	0.021	0.008	0.018	0.000	0.002	0.011
0.007	0.003	0.003	0.044	0.002	0.038	0.002	0.000	0.054	0.000
0.004	0.002	0.004	0.021	0.001	0.014	0.001	0.001	0.003	0.001
0.002	0.006	0.003	0.013	0.028	0.003	0.005	0.004	0.009	0.009

续表

TD园	WLD园	WN园	HD园	TJ园	KJ园	M园	TP园	JY园	ZH园
0.059	0.036	0.027	0.008	0.008	0.006	0.000	0.003	0.003	0.016
0.007	0.011	0.051	0.003	0.002	0.026	0.005	0.000	0.000	0.002
0.003	0.024	0.003	0.003	0.002	0.009	0.003	0.003	0.009	0.000
0.012	0.022	0.000	0.057	0.000	0.000	0.000	0.000	0.000	0.000
0.023	0.044	0.000	0.000	0.000	0.000	0.000	0.000	0.000	0.000
0.035	0.034	0.044	0.007	0.044	0.015	0.012	0.044	0.000	0.000
0.057	0.030	0.022	0.047	0.048	0.044	0.029	0.030	0.062	0.043
0.003	0.003	0.000	0.001	0.000	0.000	0.046	0.000	0.000	0.000
0.006	0.019	0.013	0.020	0.014	0.009	0.033	0.023	0.021	0.018
0.046	0.046	0.043	0.038	0.043	0.047	0.047	0.041	0.034	0.037

表6-10　　　　2012年上海市P区科技园区发展能力综合评价结果

TD园	WLD园	WN园	HD园	TJ园	KJ园	M园	TP园	JY园	ZH园
0.047	0.039	0.036	0.009	0.073	0.006	0.041	0.014	0.015	0.019
0.030	0.049	0.038	0.029	0.052	0.045	0.049	0.011	0.043	0.059
0.067	0.037	0.035	0.059	0.036	0.009	0.026	0.014	0.012	0.034
0.003	0.008	0.002	0.009	0.013	0.003	0.012	0.046	0.000	0.004
0.051	0.017	0.023	0.003	0.024	0.008	0.023	0.000	0.001	0.018
0.008	0.003	0.004	0.040	0.006	0.039	0.002	0.000	0.064	0.001
0.004	0.000	0.004	0.026	0.001	0.015	0.001	0.000	0.003	0.001
0.004	0.008	0.003	0.014	0.025	0.003	0.006	0.012	0.009	0.009
0.050	0.033	0.043	0.010	0.009	0.006	0.002	0.004	0.004	0.013
0.009	0.011	0.047	0.002	0.001	0.024	0.007	0.004	0.003	0.003
0.005	0.026	0.003	0.002	0.002	0.009	0.003	0.004	0.007	0.000
0.011	0.025	0.000	0.062	0.000	0.000	0.000	0.000	0.000	0.000
0.023	0.053	0.000	0.000	0.000	0.000	0.000	0.000	0.000	0.000
0.030	0.038	0.044	0.011	0.044	0.021	0.012	0.039	0.000	0.000
0.058	0.030	0.022	0.047	0.042	0.048	0.034	0.034	0.057	0.042
0.002	0.004	0.001	0.001	0.000	0.000	0.046	0.000	0.000	0.000
0.007	0.023	0.015	0.022	0.017	0.009	0.038	0.020	0.020	0.036
0.047	0.046	0.044	0.044	0.044	0.052	0.048	0.042	0.036	0.040

表 6 – 11　　　　　　　2013 年上海市 P 区科技园区发展能力综合评价结果

TD 园	WLD 园	WN 园	HD 园	TJ 园	KJ 园	M 园	TP 园	JY 园	ZH 园
0.046	0.036	0.037	0.009	0.085	0.006	0.040	0.012	0.019	0.017
0.032	0.047	0.039	0.028	0.074	0.049	0.044	0.012	0.049	0.060
0.007	0.044	0.040	0.057	0.037	0.008	0.025	0.062	0.015	0.025
0.003	0.021	0.003	0.010	0.020	0.004	0.013	0.064	0.000	0.003
0.058	0.016	0.023	0.004	0.021	0.005	0.016	0.000	0.002	0.015
0.008	0.002	0.005	0.031	0.005	0.051	0.002	0.001	0.068	0.001
0.004	0.000	0.004	0.028	0.001	0.015	0.001	0.000	0.034	0.000
0.005	0.009	0.005	0.014	0.032	0.003	0.006	0.042	0.010	0.008
0.053	0.043	0.045	0.017	0.007	0.004	0.004	0.005	0.004	0.009
0.011	0.010	0.032	0.002	0.001	0.024	0.011	0.007	0.005	0.004
0.005	0.023	0.003	0.003	0.003	0.010	0.002	0.004	0.009	0.000
0.017	0.032	0.000	0.062	0.000	0.000	0.000	0.000	0.000	0.000
0.029	0.036	0.000	0.000	0.000	0.000	0.000	0.000	0.000	0.000
0.037	0.034	0.020	0.012	0.044	0.022	0.014	0.041	0.000	0.000
0.058	0.035	0.021	0.047	0.057	0.049	0.028	0.037	0.058	0.043
0.003	0.004	0.001	0.001	0.000	0.000	0.039	0.000	0.000	0.000
0.008	0.022	0.016	0.024	0.017	0.010	0.034	0.022	0.021	0.039
0.052	0.048	0.045	0.043	0.047	0.054	0.049	0.043	0.038	0.042

1. 横向比较分析

将上海市 P 区科技园区 2011～2013 年各项指标的评价结果取平均值并进行加总，得到各园区创新能力、规模经济能力、国际竞争力、持续发展能力和综合能力的评价。具体见表 6 – 12。

表 6 – 12　　　　　　　2011～2013 年上海市 P 区科技园区发展能力评价表

园区名称	综合能力排名	综合能力	创新能力	规模经济能力	国际竞争力	持续发展能力
TD 园	1	0.456	0.185	0.084	0.072	0.115
WLD 园	2	0.442	0.150	0.083	0.106	0.103
TJ 园	3	0.410	0.211	0.045	0.044	0.110
HD 园	4	0.387	0.111	0.094	0.070	0.112
WN 园	5	0.349	0.135	0.097	0.036	0.081
M 园	6	0.331	0.140	0.021	0.013	0.157

园区名称	综合能力排名	综合能力	创新能力	规模经济能力	国际竞争力	持续发展能力
KJ 园	7	0.296	0.069	0.100	0.019	0.108
JY 园	8	0.295	0.080	0.099	0.000	0.116
ZH 园	9	0.278	0.140	0.026	0.000	0.113
TP 园	10	0.273	0.102	0.032	0.041	0.098

从综合发展能力看，园区的排名为：TD 园、WLD 园、TJ 园、HD 园、WN 园、M 园、KJ 园、JY 园、ZH 园、TP 园。TD 园、WLD 园、TJ 园和 HD 园四个园区的综合能力评价较高，整体实力明显高于其他园区，在 P 区科技园区中处于领先地位。其中 TD 园综合能力最高，为 0.456；WLD 园的综合能力排在第二位，为 0.442；TJ 园和 HD 园的综合能力也在 0.4 左右，在样本园区中处于较为突出的地位。WN 园和 M 园的综合能力在 0.3 ~ 0.35 之间，位于样本园区中游。KJ 园、JY 园、ZH 园和 TP 园这四个园区的综合能力在 0.3 以下，整体评价较低，位于样本园区末段。具体来看，TD 园各方面能力均比较突出，创新能力和国际竞争力均排在第二位，持续发展能力排在第三位，具有比较明显的优势。WLD 园的国际竞争力尤为突出，与其他园区相比优势明显，其他三个方面的能力也没有明显劣势，故综合能力排在前列。ZH 园的国际竞争力居于末位，规模经济能力排在倒数第二位，其余两项指标位于中游；TP 园的创新能力居于末位，规模经济能力和持续发展能力也排在倒数前三位，国际竞争力位于中游。这两个园区的综合能力评价值排在末尾。

科技园区的综合能力由创新能力、规模经济能力、国际竞争力和持续发展能力四方面组成。为了深入剖析 P 区科技园区的发展状况，有必要从这四个方面的能力入手做详细分析。

创新能力方面，TJ 园和 TD 园最为突出，分别为 0.211 和 0.185，高于其他园区。其中，TJ 园在"千人拥有理工类本科（含）学历以上人数"和"千人拥有研发人员数"两项指标上具有优势，TD 园在"企业万元销售收入中科研经费支出"和"企业利润率"两项指标上具有明显优势。WLD 园、M 园、ZH 园和 WN 园的创新能力位于中游，评价值接近 0.15。剩余园区创新能力较弱，评价值在 0.1 左右或更低。

规模经济能力方面，各园区可以分为两个档次。第一档次的评价值在

0.08～0.1 之间，包括 KJ 园、WN 园、HD 园、JY 园、TD 园和 WLD 园。其中 KJ 园评价值最高，达到 0.1，其余园区的评价值与 KJ 园并无明显差距。第二档次的评价值在 0.05 以下，包括 TJ 园、TP 园、ZH 园和 M 园。其中 ZH 园和 M 园的评价值最低，分别为 0.026 和 0.021。主要原因在于这四家园区的高技术企业整体数量较少、规模较小，在与之相关的评价指标如"高新技术产业营业总收入占高新区营业总收入的比例"、"高新技术企业数占区内企业总数的比例"等方面的评价值与其他园区有较大差距，其吸引高科技产业聚集的能力有待进一步提高。

国际竞争力方面，P 区科技园区的国际竞争力普遍较弱，主要表现为具有出口能力的企业较少，出口商品的总额较小。在"高新技术产品出口额占高新区出口总额的比例"和"内资控股企业高新技术产品出口额占高新区出口总额的比例"两项指标上，相当一部分园区的评价值都是 0。WLD 园的国际竞争力最强，评价值达到 0.106；TD 园和 HD 园的评价值也较高，分别为 0.072 和 0.07。剩余园区的国际竞争力较弱，JY 园和 ZH 园的评价值甚至为 0。这也是 P 区在今后科技园区发展过程中需要特别加强的地方。

持续发展能力方面，各园区实力较为接近，评价值差距较小。M 园的持续发展能力最强，评价值达到 0.157；其余各园区持续发展能力均在 0.1～0.115（TP 园可以近似看成 0.1）之间，差距不到 0.02。M 园在"千人拥有的投资机构和金融机构从业人数"、"千人拥有的企业经营管理者人数"和"科技人员年均收入"这三项指标上均具有明显优势，这也是其评价值排在第一位的原因所在。由于各园区在地理空间上分布于同一个行政区内，受到区域内资金、知识、技术等经济资源和优惠政策的影响具有同一性特征，因此在持续发展能力指标上显示出相似性。

笔者根据以上对 P 区科技园区创新能力、规模经济能力、国际竞争力、持续发展能力和综合能力的分析，做出了 P 区科技园区发展能力评价图，具体见图 6 - 2。

2. 纵向比较分析

对于每个园区来说，随着时间的变化，园区也在不断发展。从园区 2011 年至 2013 年各项指标的变化入手，可以更进一步地分析园区发展变化情况，有助于对园区进行更为全面的把握。根据前期数据，整理得到科技园区创新能力、规模经济能力、国际竞争力、持续发展能力和综合能力 2011 年至 2013 年的变化情况。具体见表 6 - 13、表 6 - 14、表 6 - 15、表 6 - 16、表 6 - 17。

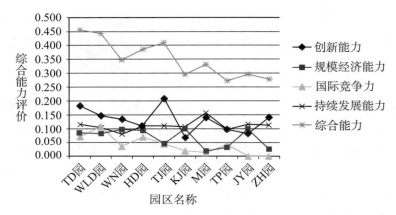

图 6 - 2　2011～2013 年上海市 P 区科技园区发展能力评价

表 6 - 13　　　　　　2011～2013 年上海市 P 区科技园区综合能力变化表

园区名称	2011 年	增幅（%）	2012 年	增幅（%）	2013 年
TD 园	0.475	- 3.52	0.458	- 4.92	0.436
WLD 园	0.415	8.47	0.450	2.71	0.462
WN 园	0.343	6.51	0.365	- 7.11	0.339
HD 园	0.376	4.24	0.392	- 0.20	0.392
TJ 园	0.390	- 0.39	0.389	16.08	0.451
KJ 园	0.277	7.33	0.298	5.16	0.313
M 园	0.312	12.68	0.351	- 6.21	0.329
TP 园	0.219	12.99	0.247	42.36	0.352
JY 园	0.279	- 1.94	0.274	21.15	0.332
ZH 园	0.289	- 2.67	0.281	- 5.71	0.265

表 6 - 14　　　　　　2011～2013 年上海市 P 区科技园区创新能力变化表

园区名称	2011 年	增幅（%）	2012 年	增幅（%）	2013 年
TD 园	0.210	- 5.93	0.198	- 25.47	0.147
WLD 园	0.135	10.72	0.150	9.59	0.164
WN 园	0.129	4.47	0.135	5.22	0.142
HD 园	0.115	- 5.21	0.109	- 0.51	0.109
TJ 园	0.198	- 0.36	0.197	20.17	0.237
KJ 园	0.066	5.91	0.070	1.64	0.072
M 园	0.130	16.42	0.151	- 7.94	0.139
TP 园	0.069	24.08	0.086	73.85	0.150
JY 园	0.084	- 15.62	0.071	18.84	0.084
ZH 园	0.163	- 17.28	0.135	- 11.24	0.120

表 6 - 15　　　　　2011～2013 年上海市 P 区科技园区规模经济能力变化表

园区名称	2011 年	增幅（％）	2012 年	增幅（％）	2013 年
TD 园	0.084	- 3.10	0.081	5.58	0.086
WLD 园	0.081	- 0.34	0.081	7.97	0.087
WN 园	0.092	14.35	0.105	- 10.32	0.094
HD 园	0.092	2.88	0.095	- 0.75	0.094
TJ 园	0.043	1.80	0.044	10.86	0.048
KJ 园	0.096	1.17	0.097	10.25	0.107
M 园	0.015	39.41	0.021	21.84	0.026
TP 园	0.011	133.27	0.025	135.36	0.060
JY 园	0.078	15.26	0.090	43.82	0.130
ZH 园	0.029	- 5.44	0.027	- 18.39	0.022

表 6 - 16　　　　　2011～2013 年上海市 P 区科技园区国际竞争力变化表

园区名称	2011 年	增幅（％）	2012 年	增幅（％）	2013 年
TD 园	0.070	- 6.87	0.065	26.73	0.082
WLD 园	0.100	16.66	0.117	- 12.21	0.102
WN 园	0.044	0.00	0.044	- 55.56	0.020
HD 园	0.064	14.17	0.073	0.93	0.074
TJ 园	0.044	0.00	0.044	0.00	0.044
KJ 园	0.015	41.18	0.021	6.25	0.022
M 园	0.012	1.85	0.012	15.20	0.014
TP 园	0.044	- 11.11	0.039	2.86	0.041
JY 园	0.000	0.00	0.000	0.00	0.000
ZH 园	0.000	0.00	0.000	0.00	0.000

表 6 - 17　　　　　2011～2013 年上海市 P 区科技园区持续发展能力变化表

园区名称	2011 年	增幅（％）	2012 年	增幅（％）	2013 年
TD 园	0.111	2.78	0.114	5.19	0.120
WLD 园	0.099	4.28	0.103	5.49	0.109
WN 园	0.078	4.39	0.081	3.04	0.084
HD 园	0.105	9.77	0.115	- 0.17	0.115
TJ 园	0.105	- 1.51	0.103	17.40	0.121
KJ 园	0.100	9.15	0.110	2.74	0.113
M 园	0.155	7.76	0.167	- 9.80	0.150

续表

园区名称	2011 年	增幅（%）	2012 年	增幅（%）	2013 年
TP 园	0.094	2.27	0.096	5.91	0.102
JY 园	0.117	− 3.60	0.113	4.49	0.118
ZH 园	0.097	22.83	0.119	3.46	0.123

（1）综合能力纵向比较。综合能力方面，P 区科技园区在 2011～2013 年整体呈现发展趋势，也有个别园区的综合能力评价值存在小幅下降。其中，TP 园的综合能力提升较为明显，WLD 园、TJ 园和 KJ 园也有一定程度的上升；TD 园和 ZH 园的综合能力则呈现小幅下降趋势。

2011～2012 年，WLD 园、WN 园、HD 园、KJ 园、M 园和 TP 园的综合能力有不同程度的上升，其余园区呈现微小下降趋势。其中，TP 园和 M 园的增幅相对较高，为 12% 左右，而各园区降幅均不超过 4%。

2012～2013 年，WLD 园、TJ 园、KJ 园、TP 园和 JY 园的综合能力呈上升趋势，其余园区的综合能力有所下降。其中，TP 园的综合能力上升幅度最大，达到 42.36%。这主要源于其"企业万元销售收入中科研经费支出"和"千人拥有的商标数"两项指标评价值的大幅上升。JY 园和 TJ 园的上升幅度也较高，均在 15% 以上。对于综合能力下降的园区，其下降幅度不高，均在 7.5% 以下。

根据表 6 - 13 画出 2011～2013 年 P 区科技园区综合能力变化图，即图 6 - 3。

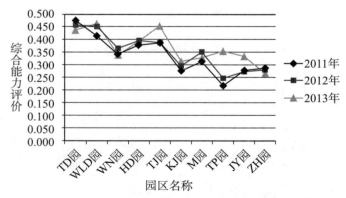

图 6 - 3　2011～2013 年上海市 P 区科技园区综合能力变化

（2）创新能力纵向比较。创新能力方面，P 区科技园区在 2011～2013 年总体呈现小幅增长趋势，个别园区增幅较大，也有个别园区能力下降较为明显。其中，TP 园增幅较大，接近 1 倍；WLD 园和 TJ 园也有一定程度的增长。TD 园和 ZH 园的创新能力则呈现较为明显的下降趋势。

2011～2012 年，5 个园区的创新能力得到增强，另外 5 个园区的创新能力下降。TP 园和 M 园创新能力的增幅较为明显，分别为 24.08% 和 16.42%；WLD 园的创新能力也得到一定程度的提升，增幅在 10% 左右。JY 园和 ZH 园的创新能力具有较为明显的下降，降幅在 15% 左右。其余园区的创新能力变化较小。

2012～2013 年，6 个园区的创新能力增强，4 个园区的创新能力下降。TP 园的增幅最大，高达 70% 以上。这主要源于其"企业万元销售收入中科研经费支出"和"千人拥有发明专利累计授权数"两项指标评价值的大幅上升。TJ 园和 JY 园的创新能力也有一定程度的上升，增幅在 20% 左右。TD 园的创新能力具有较为明显的下降，降幅在 25% 左右。其余园区的创新能力变化相对较小。

根据表 6－14，做出 2011～2013 年 P 区科技园区创新能力变化图，即图 6－4。

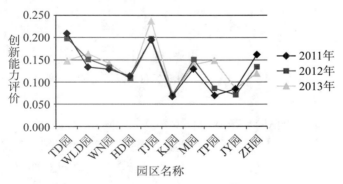

图 6－4　2011～2013 年上海市 P 区科技园区创新能力变化

（3）规模经济能力纵向比较。规模经济能力方面，P 区科技园区在 2011～2013 年呈现较为明显的增长趋势。其中 TP 园增幅最大，接近 5 倍；M 园和 JY 园增幅也较为显著。ZH 园的规模经济能力则呈现较为明显的下降趋势。

2011～2012 年，科技园区规模经济能力增长显著。其中，TP 园增幅最大，达到 133.27%，这主要源于其"千人拥有的商标数"指标评价值的大幅上升；其次是 M 园，增幅近 40%；WN 园和 JY 园也有一定程度的增长，增幅在 15% 左右。TD 园、WLD 园和 ZH 园的规模经济能力则小幅下降。

2012～2013 年，科技园区的规模经济能力继续了强劲的增长势头。TP 园的增幅又高达 135.36%，这主要源于其"千人拥有的商标数"和"高新技术企业数占区内企业总数的比例"两项指标评价值的大幅上升；JY 园和 M 园的增幅也较为显著；TJ 园和 KJ 园规模经济能力也有一定程度的上升。同时，WN 园和 ZH 园的规模经济能力呈现一定程度的下降趋势，降幅分别为 10.32% 和 18.39%。

根据表 6－15，做出 2011～2013 年 P 区科技园区规模经济能力变化图，即图 6－5。

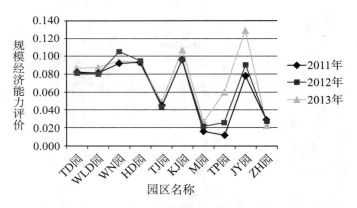

图 6－5　2011～2013 年上海市 P 区科技园区规模经济能力变化

（4）国际竞争力纵向比较（见图 6－6）。国际竞争力方面，P 区科技园区整体实力较弱，2011～2013 年并无明显的增长。KJ 园增长显著，TD 园、HD 园和 M 园也有一定程度的增长；WN 园的国际竞争力则呈现明显的下降趋势，降幅超过 50%。

2011～2012 年，科技园区国际竞争力呈小幅上升趋势。KJ 园的增幅较大，达到 40%；WLD 园和 HD 园也有一定程度的上涨。TP 园的国际竞争力则呈现一定程度的下降趋势，降幅约 10%。

2012～2013 年，科技园区国际竞争力呈小幅下降趋势。TD 园和 M 园具有一定程度的上涨，增幅分别为 26.73% 和 15.2%。WN 园的国际竞争力呈明显下降趋势，降幅超过 50%；WLD 园也有一定程度的下降，降幅约 10%。

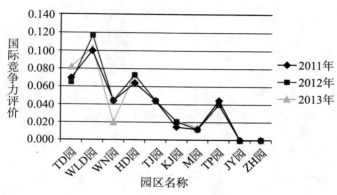

图 6 - 6　2011 ～ 2013 年上海市 P 区科技园区国际竞争力变化

（5）持续发展能力纵向比较。持续发展能力方面，P 区各园区相差不大，2011 ～ 2013 年呈现一定程度的增长趋势。ZH 园增幅较为明显，其余园区变化幅度相对较小。

2011 ～ 2012 年，科技园区国际竞争力呈小幅上升趋势。ZH 园的增幅较大，超过 20%。

2012 ～ 2013 年，科技园区国际竞争力同样小幅上升。TJ 园增幅较大，达到 17.4%。其余园区的持续发展能力并无明显变化。

根据表 6 - 17，做出 2011 ～ 2013 年 P 区科技园区持续发展能力变化图，即图 6 - 7。

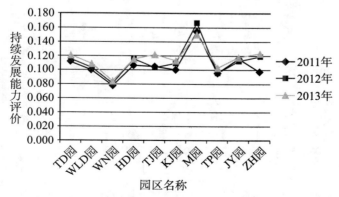

图 6 - 7　2011 ～ 2013 年上海市 P 区科技园区持续发展能力变化

第四节　基于生产网络的上海市 P 区
科技园区协同发展情况分析

本节以 P 区科技园区企业间的联系情况为基础，运用社会网络分析法对科技园区整体协同情况、协同程度、协同控制能力和协同发展派系进行分析，研究 P 区科技园区的协同发展情况。

一、上海市 P 区科技园区协同发展基本情况

为调查 P 区科技园区之间的联系情况，笔者通过园区管理委员会下发问卷300 份，回收 219 份，剔除无效问卷 54 份，最终剩余 165 份，并赴各园区进行实地调查，根据数据整理得到 P 区科技园区协同发展基本情况表（见表 6 – 18）。在调查过程中，我们分别考察了 2013 年 P 区不同科技园区企业之间的生产经营联系情况、企业隶属情况和合作情况（见附录三）。通过实地调查，我们发现科技园区之间的协同作用以项目合作和服务购买（包括资本服务、技术服务、咨询服务等）为主，生产经营联系和企业隶属联系很少。因此，我们以2013 年 P 区科技园区之间进行项目合作和服务提供的次数为考察对象，研究不同科技园区之间的协同发展情况。

表 6 – 18　　　　　　2013 年上海市 P 区科技园区协同发展基本情况表

园区名称	联系次数	主要协同产业	涉及企业总数	园区企业总数	占比（%）
TD 园	94	电子信息和软件	41	458	8.95
WLD 园	104	贸易	36	357	10.08
WN 园	55	科技服务	14	60	23.33
HD 园	101	电子信息和软件、科技服务	32	428	7.48
TJ 园	87	文化创意、电子信息和软件	27	330	8.18
KJ 园	12	计算机服务	3	17	17.65
M 园	61	文化创意	16	140	11.43
TP 园	48	文化创意	11	37	29.73

续表

园区名称	联系次数	主要协同产业	涉及企业总数	园区企业总数	占比（％）
JY 园	53	商业服务	13	54	24.07
ZH 园	85	文化创意	26	170	15.29
合计	700		219	2051	10.68

资料来源：作者根据调查问卷整理所得。

　　从表 6 - 18 可以看出，P 区科技园区相互之间协同程度较弱，协同作用在科技园区发展中的贡献度较低。2013 年科技园区之间联系次数 700 次，涉及企业 219 家，仅占园区所有企业总数的 10.68%。园区企业间联系次数较少，所涉及企业在园区所有企业中的占比较低。联系次数最多的是 WLD 园，有 104 次；涉及企业最多的是 TD 园，共 41 家企业与其他园区企业存在联系；企业占比最高的是 TP 园，与其他园区企业存在联系的企业占园区企业总数的近 30%。联系次数最少、涉及企业最少的园区均为 KJ 园，分别为 12 次、3 家企业，但由于其企业规模较大，企业总数较少，并不能据此判断其与其他园区协同程度较低。在企业占比这一指标方面，企业较多的园区，协同企业占园区企业总数的比例较低，如 HD 园、TD 园、WLD 园，占比均不到 10%，企业较少的园区，协同企业占园区企业总数的比例较高，如 WN 园、TP 园，占比均在 20% 以上。究其原因，在于 P 区科技园区日益嵌入全球生产网络和地方生产网络之中，园区企业在更广阔的地理空间寻找协同伙伴，整体呈现协同长三角化、全国化乃至国际化的趋势。通过园区企业与长三角、全国乃至全球范围内企业进行协同，科技园区得以充分利用不同区域的资源优势和竞争优势促进自身的发展。

　　在产业方面，科技园区之间既在一定程度上具有了错位发展的趋势，又存在一定的同质性。各园区以电子信息和软件产业、文化创意产业为发生协同作用的主要产业。前者包括 TD 园、HD 园、TJ 园，后者包括 M 园、TP 园、ZH 园、TJ 园。TJ 园是不多的同时在这两方面都具有协同作用的科技园区。协同作用的企业大部分属于科技园区的主导产业，也说明了主导产业对 P 区科技园区协同发展的带动作用。

　　总之，在地域范围内，地理临近不再是促进生产网络形成和科技园区地方协同发展的主要因素，基于产业链和价值链的企业协同和园区协同成为科技园区地方协同发展的主要贡献因素，而主导产业对科技园区地方协同发展具有带动作用。

二、协同程度分析：网络中心度

在一个生产网络中，不同网络主体与其他网络主体的联系紧密程度存在差异。网络主体之间联系越紧密，相互之间的协同程度越高。点的中心度就是衡量生产网络中某一点与其他点联系强度的指标。点的中心度分为绝对中心度和相对中心度。在单值网络中，点的绝对中心度即为与该点相连的其他点数量之和[①]。在多值网络中，点的绝对中心度指与其直接相连的所有点与其联系强度之积的加总。如点 A 有 n 个与之相连的点 B_1，B_2，$\cdots$，B_n，每个点与 A 的联系强度分别为 X_1，X_2，$\cdots$，X_n，则点 A 的绝对中心度 $Y(A) = X_1 + X_2 + \cdots + X_n$[②]。由于绝对中心度仅适于同一个网络中或同等规模网络的主体之间进行比较，为了能够使不同规模网络的主体之间进行比较，弗里曼（Freeman，1979）提出了相对中心度的概念。弗里曼认为，相对中心度是指某一点的绝对中心度与网络中该点的最大可能度数之比，该点的最大可能度数等于其他点均以最大联系强度与该点相连时的绝对中心度。在生产网络中，某一点中心度越高，说明该点与其他点联系越紧密，该点所代表的网络主体与其他网络主体之间的协同程度越高。

本章以 2013 年 P 区科技园区企业之间经济联系次数为基础，建立科技园区之间的联系矩阵（见表 6 - 19），并据此算出 P 区各科技园区的中心度，整理得表 6 - 20。

表 6 - 19　　　　　　2013 年上海市 P 区科技园区联系矩阵

园区	TD 园	WLD 园	WN 园	HD 园	TJ 园	KJ 园	M 园	TP 园	JY 园	ZH 园
TD 园	—	22	15	19	15	4	4	3	4	8
WLD 园	22	—	9	21	13	3	8	7	7	14
WN 园	15	9	—	13	4	2	7	0	0	5
HD 园	19	21	13	—	15	2	5	4	9	13
TJ 园	15	13	4	15	—	0	7	8	8	17

---

① 刘军. 社会网络分析导论 [M]. 北京：社会科学文献出版社，2004：116 - 120.

② 赵新正. 经济全球化与长三角全球城市——区域空间结构 [D]. 上海：华东师范大学. 2011：116 - 118.

续表

园区	TD 园	WLD 园	WN 园	HD 园	TJ 园	KJ 园	M 园	TP 园	JY 园	ZH 园
KJ 园	4	3	2	2	0	—	0	0	0	1
M 园	4	8	7	5	7	0	—	10	8	12
TP 园	3	7	0	4	8	0	10	—	9	7
JY 园	4	7	0	9	8	0	8	9	—	8
ZH 园	8	14	5	13	17	1	12	7	8	—

资料来源: 作者根据 2013 年上海市 P 区科技园区调查问卷整理所得。

表 6 – 20　　　　　　　　　2013 年上海市 P 区科技园区网络中心度

排名	园区名称	绝对中心度	相对中心度	占比	累计占比
1	WLD 园	104	0.698	0.149	0.149
2	HD 园	101	0.678	0.144	0.293
3	TD 园	94	0.631	0.134	0.427
4	TJ 园	87	0.584	0.124	0.551
5	ZH 园	85	0.570	0.121	0.672
6	M 园	61	0.409	0.087	0.759
7	WN 园	55	0.369	0.079	0.838
8	JY 园	53	0.356	0.076	0.914
9	TP 园	48	0.322	0.069	0.983
10	KJ 园	12	0.081	0.017	1

　　由表 6 – 20 可以看出, WLD 园和 HD 园的中心度最高, 相对中心度都超过了 0.65, 说明其与其他园区有着较强的经济联系, 相互之间协同程度较高。TD 园、TJ 园、ZH 园排在第二档次, 相对中心度在 0.55～0.65 之间, 这三家园区与其他园区的经济联系比前两家稍弱, 协同程度也略低。M 园、WN 园、JY 园、TP 园排在第三档次, 相对中心度在 0.3～0.4 之间 (M 园略高于 0.4), 与其他园区的经济联系较弱, 协同程度较低。KJ 园的相对中心度最低, 仅有 0.017, 与其他园区之间的经济联系非常弱, 协同程度也很低。根据上述分析, 运用 Ucinet 6.212 软件附带的 Netdraw 程序绘制出 P 区科技园区网络图 (见图 6 – 8)。

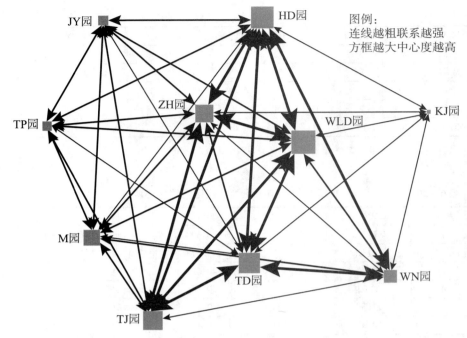

图 6-8 2013 年上海市 P 区科技园区协同网络图

资料来源：作者运用 Ucinet 6.212 软件 Netdraw 程序绘制所得。

三、协同影响力分析：网络中间中心度与结构洞

中间中心度的概念最早由弗里曼（1979）提出，用于测量网络中某一主体在多大程度上处于其他网络主体"中间"。弗里曼认为，如果一个网络主体位于多个主体的最优联系路径上，那么该主体就具有联系不同网络主体的"桥梁"作用，处于整个网络的核心位置。对于科技园区嵌入的生产网络来说，某一科技园区的中间中心度越高，说明该园区影响其他园区之间协同作用的能力越强。对于中间中心度的计算如下：在一个网络中，如果通过 A 与 C 两点的最优路径（即经过网络节点最少的路径）有 n_1 条，其中有一条经过点 B，那么 B 能够控制 A 与 C 相联系的能力就是 $1/n_1$，把 B 对网络中所有两点之间联系的控制能力进行加总（假设共有 M 个）即得到 B 在网络中的中间中心度：$1/n_1 + 1/n_2 + \cdots + 1/n_m$。中间中心度只考虑联系路径存在与否，而不考虑路径上联系的紧密性。

本特（Burt，1992）根据中间中心度的理念提出了"结构洞"（Structural Hole）这一概念。以包含 A、B、C 三个主体的网络为例，如果 A 与 B 之间存在联系，B 与 C 之间存在联系，而 A 与 C 之间不存在联系，A 与 C 之间就存在一个结构洞。结构洞使 B 处于 A 与 C "中间"的位置，具有影响 A 与 C 之间联系的能力。所以，从某种程度上说，结构洞反映了网络主体对资源的掌控能力①。对于结构洞的分析，衍生出限制度（Constraint）的概念。限制度反映的是某一主体在网络中能够运用结构洞的能力，限制度越高，说明网络主体运用结构洞的能力越弱，对其他网络主体的控制能力越弱，受其他网络主体控制的程度越高；限制度越低，说明网络主体运用结构洞的能力越强，对其他网络主体的控制能力越强，受其他网络主体控制的程度越低。对于主体之间存在协同作用的网络来说，某一主体的限制度越高，该主体与其他网络主体的协同作用越受到限制，协同作用的稳定性越差；某一主体的限制度越低，该主体与其他网络主体的协同作用越不受限制，协同作用的稳定性越强。

根据 P 区科技园区 2013 年联系程度计算出 P 区各科技园区的中间中心度和限制度，整理为表 6 - 21。

表 6 - 21　　　　　　　　2013 年上海市 P 区科技园区中间性分析表

园区名称	中间中心度	限制度
TD 园	1.233	0.464
WLD 园	1.233	0.442
WN 园	0.400	0.591
HD 园	1.233	0.450
TJ 园	0.333	0.467
KJ 园	0.000	0.825
M 园	0.333	0.454
TP 园	0.000	0.517
JY 园	0.000	0.514
ZH 园	1.233	0.449

从表 6 - 21 可以看出，TD 园、WLD 园、HD 园、ZH 园的中间中心度最高，均为 1.233，说明这四个园区在整个生产网络中权力较高，拥有对其他园

---

① 刘军. 社会网络分析导论［M］. 北京：社会科学文献出版社，2004：154 - 158.

区协同作用进行控制的能力。如果把这四个园区中的某一个拿出生产网络，网络中其他园区的协同程度会大幅降低。WN 园的中间中心度为 0.4，TJ 园和 M 园的中间中心度为 0.333，这三家园区的中间中心度较低，对其他园区的协同作用影响程度较弱，在生产网络中去除其中一个园区后，其他园区的协同程度会有一定程度的降低。TP 园、JY 园和 KJ 园的中间中心度为 0，说明这三个园区对其他园区间的协同作用不具有影响力，在生产网络中去除其中一个园区后，其他园区的协同程度基本不会受到影响。

在限制度方面，KJ 园的限制度高达 0.825，远远高于其他园区，说明该园区与生产网络中其他园区进行协同作用受控制程度最高，协同作用稳定性最差。其次是 WN 园，限制度达到 0.591，排在第二位。其余科技园区的限制度相差不大，其协同作用受控制的程度无太大差异。限制度最小的是 WLD 园，说明该园区进行协同作用时受到其他园区的限制最小，协同作用稳定性最高。

四、协同派系分析：凝聚子群

在社会学研究过程中，许多学者都认为相互之间存在频繁联系的主体之间存在一定的共性，相互之间联系较少的主体之间表现出更多的异质性。通过凝聚子群分析能够找到网络中联系较为紧密的群体，寻找这些群体之间的共性。对于通过生产网络进行协同作用的科技园区，凝聚子群分析可以发现在协同作用方面存在共性的群体，有助于更好地研究每个子群体的特殊性。

在运用 Ucinet 6.212 进行凝聚子群分析之前，需要先对科技园区联系矩阵进行二值化处理。以 10 为临界值，联系程度小于 10 则赋值为 0，联系程度大于 10 则赋值为 1，以此获得科技园区联系的二值化矩阵。再对矩阵进行 k – 丛（k – plex）分析，得到 8 组团体。分别是：

第一组：TD 园，WLD 园，WN 园，HD 园；

第二组：TD 园，WLD 园，HD 园，TJ 园，ZH 园；

第三组：TD 园，WN 园，HD 园，TJ 园；

第四组：WLD 园，M 园，ZH 园；

第五组：WN 园，HD 园，ZH 园；

第六组：HD 园，M 园，ZH 园；

第七组：TJ 园，M 园，ZH 园；

第八组：TP 园，M 园，ZH 园。

结合派系分析的聚类分析图（见图 6－9），可以认为，TD 园、WLD 园、HD 园、WN 园属于同一个派系，TJ 园、M 园、ZH 园属于同一个派系，而 TP 园、JY 园和 KJ 园则游离于派系之外。在前一个派系中，园区之间的协同作用更多地发生在电子信息和软件产业之间，协同方式以研发合作和技术交流为主。在后一个派系中，园区之间的协同作用更多地发生在文化创意产业之间，协同方式以提供和购买服务为主。

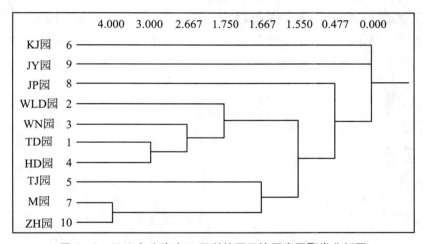

图 6－9　2013 年上海市 P 区科技园区协同发展聚类分析图

资料来源：作者运用 Ucinet 6.212 分析所得。

五、上海市 P 区科技园区协同作用程度与发展情况比较

结合之前对各科技园区综合评价的结果可以看出，科技园区协同作用程度与科技园区发展情况存在一定的相关性。WLD 园、HD 园、TD 园、TJ 园是中心度最高的四家科技园区，说明它们在整个生产网络中与其他园区的协同程度最高。同时，我们可以发现这四家园区也是综合能力评价排在前列的四家科技园区。因此我们可以认为科技园区间协同作用程度与园区发展情况存在一定的正相关性。

第五节 小 结

    本章对上海市 P 区科技园区的协同发展现状进行了实证分析，主要包括科技园区整体协同状况分析、协同程度分析、协同影响力分析和协同派系分析。通过分析可知，P 区科技园区相互之间的协同发展程度较弱，本区域内协同作用在科技园区发展中的贡献度较低；地理临近不是协同的主因，而产业链和价值链关联成为科技园区间协同发展的主因，且主导产业在科技园区地方协同发展过程中具有带动作用；科技园区间协同作用程度与园区发展情况存在一定的正相关性。

第七章

上海市 P 区科技园区协同
发展影响因素分析

本章拟建立结构方程模型，对区域因素、园区因素、产业因素、企业因素和资源因素五方面因素影响 P 区科技园区协同发展的情况进行实证检验，分析五方面因素对 P 区科技园区协同发展的影响程度。

第一节　结构方程的概念、分析过程及特性

结构方程（Structural Equation Model，SEM）是一种运用统计分析技术对涉及多变量研究数据的复杂理论进行分析和探索的研究方法。它是多变量分析的一种，可以同时进行潜在变量的估计和复杂自变量/因变量预测模型的参数估计。结构方程的优势在于可以通过对难以观测的抽象概念进行定量研究，来分析抽象概念与可观测变量及实际问题之间的联系，在实际研究过程中通常被用来验证对抽象概念的假设是否合理①。结构方程理论兴起于 20 世纪六七十年代，于 20 世纪末逐渐成熟，目前在经济学、社会学、心理学、政治学等方面有着广泛的应用。

一、结构方程概念辨析

（一）方程变量：外显变量和潜在变量、内生变量和外生变量

外显变量（Manifest Variable）又称观察变量（Observed Variable）或测量

---

① 邱皓政．结构方程模型的原理与应用［M］．北京：中国轻工业出版社，2009：2.

变量（Measured Variable），是指在研究分析过程中可以直接进行测量的变量，比如事物的数量、重量、速度等。潜在变量（Latent Variable）又称隐形变量（Hidden Variable），是指在研究过程中无法进行测量的变量。这些变量往往是理论或者抽象概念，只能通过一定的方法转化成可以测量的外显变量进行研究。外显变量对潜在变量的反映和描述存在一定的差异，这种差异的量化被称为误差变量。

在实际研究过程中，一般事先对外显变量和潜在变量之间的关系进行分析，提出假设命题，通过建立模型对相关数据进行统计分析来验证假设是否成立。在对模型进行分析的过程中涉及两类变量：一类是内生变量，指受到其他变量影响而自身发生改变的变量；另一类是外生变量，指自身变化影响内生变量发生改变的变量。

（二）方程模型：测量模型和结构模型

1. 测量方程模型

测量方程模型是指专门研究测量变量和潜在变量之间关系的模型。测量模型一般由两个方程式组成：一个方程测度内生潜在变量 η 与内生测量变量 Y 之间的关系；另一个方程测度外生潜在变量 ξ 和外生测量变量 X 之间的关系。具体方程形式如下：

$$X = \Lambda_x \xi + \delta$$
$$Y = \Lambda_y \eta + \varepsilon$$

其中，X 表示外生测量变量，ξ 表示外生潜在变量，Λ_X 表示 X 与 ξ 之间的关系，δ 为 X 的测量误差；Y 表示内生测量变量，η 表示内生潜在变量，Λ_Y 表示 Y 与 η 之间的关系，ε 为 Y 的测量误差。

2. 结构方程模型

结构方程模型是指研究潜在变量之间相互关系的模型，在实际研究中，用来表示假设的外生潜在变量和内生潜在变量之间的关系，模型形式为：

$$\eta = \beta\eta + \Gamma\xi + \psi$$

其中，η 表示内生潜在变量，β 表示内生潜在变量之间的关系，ξ 表示外生潜在变量，Γ 表示内生潜在变量与外生潜在变量之间的关系，ψ 属于残差项，表示模型所未能解释到的部分[1]。

---

[1] 陈琦. 结构方程模型及其应用 [J]. 中国卫生统计，2004（4）：70–74.

二、结构方程的分析过程

结构方程的分析模式属于验证性分析，分析思路如下：通过对具体问题进行分析建立理论模型，确立各变量之间的相互关系；通过查找文献、设计调查问卷或实地考察等方式获取测量变量的相关数据；通过测量变量数据构建协方差矩阵，并检验原理论模型是否合理。具体步骤如下。

（一）理论模型的建立

通过对所研究的实际问题进行分析，确定各研究变量之间的关系，构建出理论模型。理论模型包括以下三个方面的内容：潜在变量与外显变量之间的联系；潜在变量之间的联系；对于某些变量之间相关系数的限定。通过构建理论模型，提出理论假设，为之后的假设验证打好基础。

（二）模型的识别

在理论模型建立之后，需要系统对模型进行识别。在运行 AMOS v17.0 过程中，如果模型不可识别，"writing output"下面不会出现"Chi – square ="，则无法对模型进行下一步估计。遇到这种情况，需要对模型进行修改或重新建立模型，直到能够被 AMOS 程序识别为止。

（三）数据的收集

在建立结构方程模型之后，需要对各变量之间的关系建立可测量的指标体系，通过对指标体系的观测来对潜在变量进行定量分析。在对指标体系进行数据收集的过程中，可以综合运用文献查阅、问卷调查、电话咨询、实地考察、深入访谈等多种方法，以保证所取得数据的全面性和准确性。在取得数据之后，还需要对不合理的数据进行处理，以保证接下来统计分析的顺利进行。在问卷调查的过程中，样本数一般不少于 100，否则可能影响结构方程分析结果的稳定性[1]。

（四）模型的拟合

对结构方程进行模型拟合的目的是使模型隐含的协方差矩阵与样本协方差

---

[1]　R. B. Kline. Principles and Practice of Structural Equation Modeling ［M］. New York Guilford Press，1988：8 – 13.

矩阵尽可能接近①。拟合过程中所用的参数估计方法有很多种，使用者可以根据实际情况选择合适的估计方法，但运用范围最广的方法是极大似然法和一般最小平方法。

（五）模型的检测

对于拟合后的模型，需要对其进行检测。检测范围包括：结构方程的解是否在合理范围之内；模型参数设置是否在合理范围之内；对不同类型的整体拟合指数进行检测。其中，最常用的绝对拟合指数有 χ^2/df、RMSEA、TLI 和 CFI。χ^2/df 表示卡方 χ^2 与自由度 df 之比，是一种绝对拟合函数，可以调节结构方程的复杂程度，一般认为 $\chi^2/df < 3$ 即可以接受。RMSEA（Root Mean Square Error of Approximation）即近似误差均方根，其数值越小，表示模型拟合度越高，一般认为 RMSEA < 0.1 表示拟合度较好，RMSEA < 0.05 表示拟合度非常好。TLI 即 Tucker – Lewis 指数，其值越接近于 1 表示拟合度越好，一般认为 TLI > 0.9 模型拟合度较好。CFI（Comparative Fit Index）即比较拟合指数，对于错误模型反应较敏感；其值越接近于 1 表示拟合度越好，一般认为 CFI > 0.9 模型拟合度较好②。

（六）模型的修正

对结构方程模型进行检测之后，若模型的相关指标不满足建立结构方程的条件，需要对模型进行修正。比如，重新定义潜在变量之间的关系，检查潜在变量与观测指标之间的关系，或是根据相关理论和统计数据，将某些参数赋予固定值。进行修正之后再次对模型进行检验，直到模型符合要求为止。

（七）模型分析

对模型进行修正之后，运行 AMOS 软件进行分析，并对分析结果进行解释。对模型的解释包括对潜在变量之间相互影响的解释和对潜在变量和观测变量之间相互影响的解释两种。每一种影响又分为直接影响和间接影响两种，直接影响是指一个变量变化直接引起另一个变量的变化，间接影响是指一个变量的变化通过一个中介变量影响另一个变量发生变化③。通过对分析结果的解

① 曲波. 结构方程模型及其应用 [J]. 中国卫生统计，2005（12）：405 – 407.
② 许冠南. 关系嵌入性对技术创新绩效的影响研究 [M]. 杭州：浙江大学，2008：98 – 100.
③ 茅宁莹. 论企业技术能力 [J]. 现代管理科学，2005（8）：71 – 73.

释，验证理论模型假设是否成立，得出对实际问题的研究结果。

三、结构方程特性

结构方程具有其独特的优势，具体包括以下几个方面：一是可以通过事先对各变量、各指标之间的关系进行假设，再通过理论模型与实际数据之间的拟合度进行检验。二是可以对难以观测的潜在变量进行研究，可以研究变量间的直接作用和间接作用。三是可以同时对多个样本进行分析，可以对变量之间相互作用的效果进行检验。

同时，结构方程也具有一定的局限性，具体包括以下几个方面：一是对于与样本拟合度较高的结构方程模型，只能证明其不是错误的模型，但无法证明其是正确的模型，即只能够证明模型不具备错误的条件。二是结构方程尚不能对误差进行检验，在模型本身结构存在问题时，分析结果容易出现以偏概全的情况。三是结构方程是一种复杂的研究方法，对于使用者的要求较高，容易出现误用的情况。四是结构方程在应用过程中存在诸多的拟合条件，对于样本容量也有较高要求，实用性受到一定限制。

第二节 运用结构方程对协同发展影响因素进行实证分析

一、上海市 P 区科技园区协同发展影响因素的基本假设

（一）区域因素对 P 区科技园区协同发展推动作用的假设

区域因素包括区域经济发展水平、区域文化环境、区域政策法规及区域内高等院校和科研机构四个方面。科技园区所在的区域经济发展水平越高，区域文化环境越适于企业发展，科技园区所拥有的资源和企业"质"和"量"越高，越容易形成更大规模和更有竞争力的生产网络，有助于科技园区在生产网络基础上进行协同发展。政府通过区域政策法规对高技术产业和科技园区进行引导和扶持，吸引资本、人力、技术、企业等要素在科技园区汇聚，引导区域内科技园区进行产业定型、功能定位，促进科技园区之间的资源流动。高等院

校和科研机构一方面与科技园区企业进行创新合作，进一步完善科技园区间的创新渠道、优化科技园区创新环境；另一方面以自身为桥梁，形成科技园区间企业协同的通道，促进科技园区间企业协同的发展。因此得出假设 A：

A：区域因素与 P 区科技园区协同发展之间呈正相关关系。

在假设 A 基础上建立四个子假设，具体说明区域因素对 P 区科技园区协同发展的影响。

A1：区域经济发展水平与区域因素之间呈正相关关系。

A2：区域文化环境与区域因素之间呈正相关关系。

A3：区域政策法规与区域因素之间呈正相关关系。

A4：区域内高等院校和科研机构与区域因素之间呈正相关关系。

（二）园区因素对 P 区科技园区协同发展推动作用的假设

园区因素包括园区区位条件、园区基础设施的完善程度、园区创新激励机制和园区管理水平四个方面。良好的区位条件、完善的基础设施和高水平的园区管理有助于吸引优质企业和资源在科技园区汇聚，也有助于园区企业与园区外经济主体进行合作。完善的园区创新激励机制能够激发园区企业的创新热情、释放创新活力、提高创新水平，有助于提高企业的竞争力。企业和资源的汇聚有助于扩大生产网络的规模，企业竞争力的提高有助于生产网络的发展，从而有利于科技园区在生产网络基础上的协同发展。因此得出假设 B：

B：园区因素与 P 区科技园区协同发展之间呈正相关关系。

在假设 B 基础上建立四个子假设，具体说明园区因素对 P 区科技园区协同发展的影响。

B1：园区区位条件与园区因素之间呈正相关关系。

B2：园区基础设施完善程度与园区因素之间呈正相关关系。

B3：园区创新激励机制与园区因素之间呈正相关关系。

B4：园区管理水平与园区因素之间呈正相关关系。

（三）产业因素对 P 区科技园区协同发展推动作用的假设

产业因素包括产业结构、产业相似度、产业关联和主导产业发展状况四个方面。园区的产业结构是指园区内各产业的构成、比例和产业之间所形成的关系。合理的产业结构能够使不同科技园区之间形成优势互补、错位发展的局面，有助于提高科技园区嵌入的生产网络的资源利用效率，也有助于减少不同园区之间的恶性竞争，增强园区的协同效应。科技园区产业之间的相似度影响着园区企业之间技术流动和有效信息传播的效果，进而影响科技园区协同作用程度。产业相似度高，企业之间的技术流动和有效信息传播效果就较为显著，园区协同作用程度较高；同时，较高的产业相似度容易引起同质化现象，反而不利于协同发展。综合两方面考虑，仍认为产业相似度对 P 区科技园区协同发展具有促进作用。关联产业在地理空间上分布于不同的科技园区，为企业跨园区的贸易、先进技术和理念的传播及提高产业带动效应提供了有利条件，促进了科技园区协同发展。园区的主导产业对园区发展具有极大的带动作用，有助于增强园区及其所嵌入的生产网络的整体竞争力。因此得出假设 C：

C：产业因素与 P 区科技园区协同发展之间呈正相关关系。

在假设 C 基础上建立四个子假设，具体说明产业因素对 P 区科技园区协同发展的影响。

C1：产业结构与产业因素之间呈正相关关系。

C2：产业相似度与产业因素之间呈正相关关系。

C3：产业关联与产业因素之间呈正相关关系。

C4：主导产业发展状况与产业因素之间呈正相关关系。

（四）企业因素对 P 区科技园区协同发展推动作用的假设

企业因素包括企业创新能力、企业家精神、企业间竞争和行业协会等社会组织四个方面。创新能力高的企业容易掌握先进技术，一方面可以促进企业自身发展，另一方面可以通过所拥有的先进技术实现跨园区交流合作或技术交易，促进科技园区之间企业的创新协同。企业家精神对于企业的发展具有极大的促进作用，具有创新精神的企业往往具有较强的创新能力，具有开拓精神的企业会更多地与周围企业进行交流合作，有助于科技园区内部和不同科技园区之间生产网络的形成。企业之间的竞争有助于淘汰落后企业，提高科技园区企业整体竞争力，也有助于加强企业之间的联合，增加科技园区发展的有序度。行业协会作为利益协调平台增加了科技园区企业之间的信息交流，减少了内部摩擦的发生；行业协会通过对外沟通协调，减少了科技园区企业对外联系的阻力，促进了生产网络对外拓展延伸，有利于增强科技园区协同作用的深度和广度。因此得出假设 D：

D：企业因素与 P 区科技园区协同发展之间呈正相关关系。

在假设 D 基础上建立四个子假设，具体说明企业因素对 P 区科技园区协同发展的影响。

D1：企业创新能力与企业因素之间呈正相关关系。

D2：企业家精神与企业因素之间呈正相关关系。

D3：企业间竞争与企业因素之间呈正相关关系。

D4：行业协会等社会组织与企业因素之间呈正相关关系。

（五）资源因素对 P 区科技园区协同发展推动作用的假设

资源因素包括科技园区间资本自由流动、人力资源自由流动、技术传播和信息交流四个方面。科技园区间资本的自由流动一方面加强了网络主体之间的联系，增强了生产网络联系的紧密度，另一方面引导生产要素在生产网络和科技园区中合理配置，促进产业结构调整升级。同时，过于频繁的资本流动对科技园区经济系统的稳定性具有负面影响。对两方面综合考虑，认为资本流动对于科技园区协同发展具有正面的影响。人力资源向科技园区内先进产业、先进部门的流动可以增加其人才储备，提高其创新和发展的潜力，同时可以加速落后产业的消亡，促进产业结构调整；同时，人力资源在科技园区嵌入的生产网络中流动促进了先进技术和先进理念的传播，有助于生产网络整体创新能力和竞争力的提升。科技园区间的技术传播一方面通过知识溢出效应形成了科技园区的"技术势差"，提高了科技园区和生产网络的整体创新能力和竞争力，提供了更高质量的协同发展主体；另一方面加强了生产网络各主体之间的联系紧密度，增强了科技园区和园区企业之间的协同作用程度，从两方面促进了科技园区协同发展。科技园区间的信息交流促进了先进技术在科技园区嵌入的生产网络中传播，提高了园区的整体创新水平；增加了园区企业和机构获取信息资源的渠道，有助于企业获得更大规模、更准确、更及时的信息，帮助企业做出更科学合理的决策；加强了生产网络中各主体之间的联系，提高了生产网络的紧密度，有利于科技园区在生产网络基础上进行协同发展。因此得出假设 E：

E：资源因素与 P 区科技园区协同发展之间呈正相关关系。

在假设 E 基础上建立四个子假设，具体说明资源因素对 P 区科技园区协同发展的影响。

E1：科技园区间资本流动与资源因素之间呈正相关关系。

E2：人力资源自由流动与资源因素之间呈正相关关系。

E3：技术传播与资源因素之间呈正相关关系。

E4：信息交流与资源因素之间呈正相关关系。

二、结构方程模型的构建

基于上述假设，设计出 P 区科技园区协同发展影响因素分析的结构方程模型，如图 7 - 1 所示。科技园区地方协同发展影响因素由区域因素、园区因素、

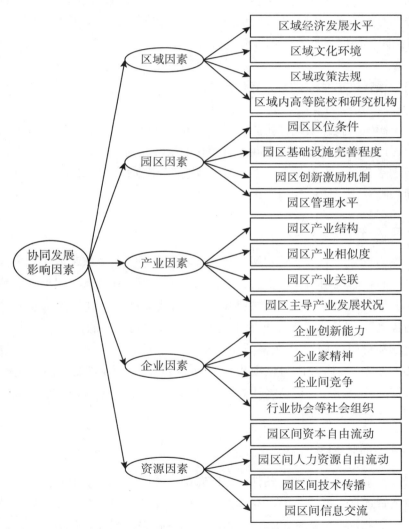

图 7 - 1　2013 年上海市 P 区科技园区协同发展影响因素分析图

资料来源：作者根据上海市 P 区科技园区协同发展理论假设所绘制。

产业因素、企业因素和资源因素五个方面组成。区域因素由区域经济发展水平、区域文化环境、区域政策法规和区域内高等院校及科研机构四个方面组成。园区因素由园区区位条件、园区基础设施的完善程度、园区创新激励机制和园区管理水平四个方面组成。产业因素由产业结构、产业相似度、产业关联和主导产业发展状况四个方面组成。企业因素由企业创新能力、企业家精神、企业间竞争和行业协会等社会组织四个方面组成。资源因素由资本自由流动、人力资源自由流动、技术传播和信息交流四个方面组成。接下来将对各因素对P区科技园区协同发展的影响程度进行分析。

三、结构方程模型观测变量的设计

由于影响科技园区地方协同发展的因素属于潜在变量，难以直接进行定量分析，因此本章通过设计调查问卷将潜在变量转化为一系列可观测变量，以方便进行定量分析。在制作量表过程中，采用了李克特（LIKERT）七分量表法以方便后续分析。所设计的量表见附录四。

（一）区域因素

区域因素分为区域经济发展水平、区域文化环境、区域政策法规及区域内高等院校和科研机构四个方面。在调查问卷中，要求被访者对"区域经济发展水平对P区科技园区协同发展的推动"、"区域文化环境对P区科技园区协同发展的推动"、"区域政策法规对P区科技园区协同发展的推动"和"区域内高等院校和科研机构对P区科技园区协同发展的推动"四个指标进行打分，分数从1到7。被访者认为该项指标对P区科技园区协同发展的影响程度越大，所打的分数越高；被访者认为该项指标对P区科技园区协同发展的影响程度越小，所打的分数越低。

（二）园区因素

园区因素分为园区区位条件、园区基础设施的完善程度、园区创新激励机制和园区管理水平四个方面。在调查问卷中，要求被访者对"园区区位条件对P区科技园区协同发展的推动"、"园区基础设施完善程度对P区科技园区协同发展的推动"、"园区创新激励机制对P区科技园区协同发展的推动"和"园区管理水平对P区科技园区协同发展的推动"四个指标进行打分，分数从1到

7。被访者认为该项指标对 P 区科技园区协同发展的影响程度越大，所打的分数越高。

（三）产业因素

产业因素分为产业结构、产业相似度、产业关联和主导产业发展状况四个方面。在调查问卷中，要求被访者对"园区产业结构合理性对 P 区科技园区协同发展的推动"、"园区产业相似度对 P 区科技园区协同发展的推动"、"园区产业关联程度对 P 区科技园区协同发展的推动"和"园区主导产业发展状况对 P 区科技园区协同发展的推动"四个指标进行打分，分数从 1 到 7。被访者认为该项指标对 P 区科技园区协同发展的影响程度越大，所打的分数越高。

（四）企业因素

企业因素分为企业创新能力、企业家精神、企业间竞争和行业协会等社会组织四个方面。在调查问卷中，要求被访者对"企业创新能力对 P 区科技园区协同发展的推动"、"企业家精神对 P 区科技园区协同发展的推动"、"企业间竞争对 P 区科技园区协同发展的推动"和"行业协会等社会组织对 P 区科技园区协同发展的推动"四个指标进行打分，分数从 1 到 7。被访者认为该项指标对 P 区科技园区协同发展的影响程度越大，所打的分数越高。

（五）资源因素

资源因素分为科技园区间资本自由流动、人力资源自由流动、技术传播和信息交流四个方面。在调查问卷中，要求被访者对"园区间资本自由流动对 P 区科技园区协同发展的推动"、"园区间人力资源自由流动对 P 区科技园区协同发展的推动"、"园区间技术传播对 P 区科技园区协同发展的推动"和"园区间信息交流对 P 区科技园区协同发展的推动"四个指标进行打分，分数从 1 到 7。被访者认为该项指标对 P 区科技园区协同发展的影响程度越大，所打的分数越高。

四、结构方程模型数据的收集和分析

（一）选择样本企业

笔者所选的样本企业集中在所选的 P 区 10 个园区中，企业范围涉及软件开发、电子商务、创意设计、电子信息、广告开发、贸易销售等行业，涵盖了 10 个园区的主要发展产业，其中既有成立时间较长的企业，也有成立时间较短的企业，以保证所获取数据的真实准确。

（二）问卷的获取

笔者通过 P 区 10 个园区的管理委员会下发了 300 份问卷，回收 219 份，剔除无效问卷 54 份，获得符合要求的问卷 165 份，回收率为 73%，有效率为 55%（问卷详见附录四）。

（三）样本企业基本情况

符合要求的问卷中，样本企业的基本情况如下：在行业分类方面，大部分企业分布在软件开发及电子信息、创意设计和贸易行业等园区主导产业中，累计占比达 82.16%，其中软件开发及电子信息类企业最多，占比为 36.7%。样本企业成立时间普遍较短，成立时间在 10 年以内的企业占样本企业总数的 84.85%。样本企业资产总额较高，资产总额在 500 万 ~ 1000 万元之间的企业占样本总数的 69.77%。样本企业的员工人数较少，员工人数在 50 人以下的企业占到样本企业总数的 63.03%，在 100 人以下的企业占到样本企业总数的 84.24%。可以看出，样本企业大部分为具有高附加值和高技术含量的新兴中小型企业，能够代表科技园区企业的一般情况。现将相关情况整理为表 7 - 1。

表 7 - 1　　　　　上海市 P 区科技园区样本企业基本情况统计表

企业属性	属性类型	企业数量	企业占比（%）	累计占比（%）
所属行业	软件开发及电子信息	61	36.7	36.7
	文化创意	54	32.73	69.43
	贸易行业	21	12.73	82.16
	其他行业	29	17.84	100
成立时间	1 ~ 5 年	58	35.15	35.15
	5 ~ 10 年	82	49.7	84.85
	10 年以上	25	15.15	100

续表

企业属性	属性类型	企业数量	企业占比（％）	累计占比（％）
资产总额	500 万元以下	53	24.32	24.32
	500 万 ~ 1000 万元	75	45.45	69.77
	1000 万元以上	37	30.23	100
员工人数	50 人以下	104	63.03	63.03
	50 ~ 100 人	35	21.21	84.24
	100 人以上	26	15.76	100

资料来源：作者根据 2013 年上海市 P 区科技园区协同发展影响因素调查资料整理所得。

（四）样本数据描述性分析

用 SPSS 19.0 对所搜集的样本数据进行描述统计分析，包括 20 项观测变量的极大值、极小值、均值、标准差、偏度和峰度等，所得结果整理为表 7 - 2。各项指标的极大值均为 7，极小值均为 1。均值最大项为 4.87、最小项为 3.67，存在一定的差异性。标准差较小，说明各项指标数据的离散程度较小，数据准确性较高。偏度表示指标数据形态偏离正态分布的程度，偏度绝对值越大表示偏离正态分布的程度越大。偏度为正表示数据主体集中在左侧，右侧的尾部较长；偏度为负表示数据主体集中在右侧，左侧的尾部较长；偏度为 0 表示数据分布左右对称。本书样本数据偏度较小，表示数据偏离正态分布的程度较小；偏度有正有负，表示数据存在左偏和右偏的情况。本书样本数据偏度总体程度较小，较为符合正态分布趋势。峰度是表示样本数据分布形态陡峭程度的统计量，峰度大于 0 表示样本数据分布比正态分布更陡峭，峰度小于 0 表示样本数据分布比正态分布更平缓，峰度等于 0 表示样本数据分布与正态分布陡峭程度一致。本书样本数据峰度多为负值，整体分布较为平缓。标准误用来表示样本统计量与总体参数之间的差异程度，标准误越小，表明样本统计量与总体参数差异程度越小，样本对总体的代表性越强，统计分析的可靠程度越高①。本书样本数据标准误较小，样本对总体的代表性较强，统计分析可靠程度较高。

---

① 何建英，何旭宏. 数据统计与 SPSS 应用 [M]. 北京：人民邮电出版社，2003：83 - 85.

表 7 – 2　　　　　　　上海市 P 区科技园区样本数据一般性分析表

假设	N	极小值	极大值	均值	标准差	偏度		峰度	
	统计量	统计量	统计量	统计量	统计量	统计量	标准误	统计量	标准误
A1	165	1	7	3.67	1.831	0.103	0.190	-0.911	0.377
A2	165	1	7	3.87	1.557	0.305	0.190	-0.613	0.377
A3	165	1	7	4.69	1.459	-0.152	0.190	-0.624	0.377
A4	165	1	7	4.46	1.488	-0.233	0.190	-0.725	0.377
B1	165	1	7	4.12	1.765	0.050	0.190	-1.040	0.377
B2	165	1	7	4.16	1.362	0.095	0.190	-0.388	0.377
B3	165	1	7	4.23	1.417	-0.038	0.190	-0.714	0.377
B4	165	1	7	4.55	1.433	-0.486	0.190	-0.666	0.377
C1	165	1	7	3.96	1.593	0.014	0.190	-1.096	0.377
C2	165	1	7	4.13	1.275	-0.021	0.190	-0.304	0.377
C3	165	1	7	4.22	1.527	-0.073	0.190	-0.791	0.377
C4	165	1	7	4.38	1.467	0.007	0.190	-0.852	0.377
D1	165	1	7	4.10	1.673	-0.053	0.190	-0.988	0.377
D2	165	1	7	4.40	1.378	-0.157	0.190	-0.397	0.377
D3	165	1	7	4.21	1.256	0.071	0.190	-0.355	0.377
D4	165	1	7	4.23	1.385	-0.034	0.190	-0.672	0.377
E1	165	1	7	3.90	1.611	-0.132	0.190	-0.880	0.377
E2	165	1	7	4.22	1.440	-0.080	0.190	-0.988	0.377
E3	165	1	7	4.59	1.281	-0.419	0.190	0.105	0.377
E4	165	1	7	4.87	1.357	-0.704	0.190	0.222	0.377
有效的 N	165								

五、结构方程模型分析

（一）可识别性分析

在运用结构方程模型进行分析之前，需要对模型的可识别性进行检验。具体检验条件如下：一是多因素模型中的每个潜在变量因子至少需要两个以上的可观测变量指标；二是每个观测变量指标仅能对应唯一的潜在变量；三是每一个潜在变量必须存在与之相关的潜在变量；四是误差之间无相关性①。在本书所构建的结构模型中，五个潜在变量因子均与四个可观测变量相对应，20 个可观测变量均对应唯一一个潜在变量，潜在变量之间存在相关性，彼此误差之间无相关性。故本书所构建的结构方程模型可以被识别。

另外，判断模型是否可被识别可以运用 t 法则，即可观测变量个数 q 与自由参数个数 t 之间需满足如下条件：$q(q+1)/2 > t$。本书所构建的模型中，可观测变量个数为 20，潜在变量个数为 5，误差变量个数为 20，则 $q=20$，$t=20+20+5=45$。$q(q+1)/2=20(20+1)/2=210 > 45=t$，故本书所构建的结构方程满足 t 法则，符合识别条件。

（二）因子分析

为确定结构方程模型中各变量之间的相互关系，本书运用因子分析法对模型进行分析。

在一阶因子分析过程中，主要分析各可观测变量对潜在变量的影响。具体来说，η_1、η_2、η_3、η_4 分别对应于区域经济发展水平、区域文化环境、区域政策法规、区域内高等院校和科研机构对区域因素的影响；η_5、η_6、η_7、η_8 分别对应于园区区位条件、园区基础设施的完善程度、园区创新激励机制、园区管理水平对园区因素的影响；η_9、η_{10}、η_{11}、η_{12} 分别对应于产业结构、产业相似度、产业关联和主导产业发展状况对产业因素的影响；η_{13}、η_{14}、η_{15}、η_{16} 分别对应于企业创新能力、企业家精神、企业间竞争、行业协会等社会组织对企业因素的影响；η_{17}、η_{18}、η_{19}、η_{20} 分别对应于科技园区间资本自由流动、人力资源自由流动、技术传播、信息交流对资源因素的影响。

在一阶因子分析的基础上进行高阶因子分析，即研究区域因素、园区因素、产业因素、企业因素、资源因素对科技园区地方协同发展的影响，分别以 β_1、β_2、β_3、β_4、β_5 来表示。因素分析结果见图 7-2。

①　龚健，薛学通. 信息产业技术标准的作用机理分析 [J]. 信息技术与标准化，2005（8）：47-49.

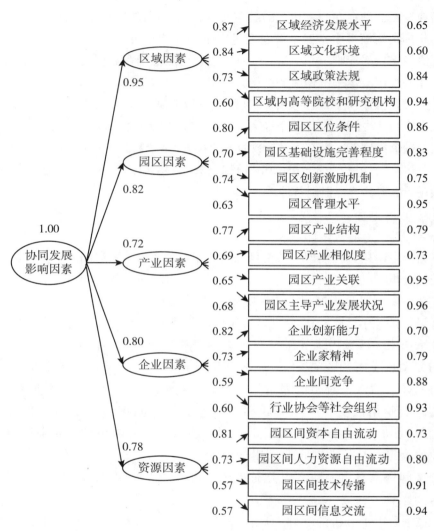

图 7－2　结构方程因素分析结果

资料来源：作者根据 AMOS v17.0 分析结果绘制。

第三节 结构方程模型检验

一、适配度检验

对于结构方程模型，其参数的估计值需要满足以下条件：一是标准化参数不能大于 1，否则难以进行理论解释；二是可观测变量与相应的潜在变量之间的因子载荷取值范围宜在 0.5 ~ 0.95 之间[①]；三是参数估计值的误差需为正，且不能太大；四是参数估计值和误差估计值需满足 t 检验（$t > 1.96$）。

科技园区地方协同发展影响因素结构方程模型的分析结果如下：一阶因子分析的标准化参数值在 0.57 ~ 0.87 之间，高阶因子分析的标准化参数值在 0.72 ~ 0.95 之间，均小于 1。各参数的标准化误差（S. E.）在 0.07 ~ 0.12 之间，误差较小。可观测变量与相应的潜在变量之间的因子载荷在 0.5 ~ 0.9 之间，未出现异常。误差方差均为正值。从上述分析可以看出，本书所构建的模型适配指标较好，基本满足模型估计。具体见表 7 - 3。

表 7 - 3 结构方程分析结果

统计参数	标准化估计值	标准化误差（S. E.）	t 检验（C. R.）	P 值
β_1	0.950	0.092	8.482	***
β_2	0.821	0.083	10.451	***
β_3	0.716	0.077	9.888	***
β_4	0.798	0.077	10.947	***
β_5	0.776	0.077	10.666	***
η_1	0.870	0.083	9.624	***
η_2	0.837	0.073	11.360	***
η_3	0.731	0.077	9.016	***
η_4	0.602	0.086	6.851	***
η_5	0.799	0.097	7.634	***
η_6	0.703	0.093	7.826	***

---

① 吴明隆. 结构方程模型——AMOS 的操作与应用 [M]. 重庆：重庆大学出版社，2009：39 - 40.

统计参数	标准化估计值	标准化误差（S. E.）	t 检验（C. R.）	P 值
η_7	0.737	0.092	8.316	***
η_8	0.630	0.094	6.840	***
η_9	0.774	0.105	7.689	***
η_{10}	0.688	0.101	7.388	***
η_{11}	0.649	0.115	6.906	***
η_{12}	0.684	0.115	7.344	***
η_{13}	0.820	0.101	7.351	***
η_{14}	0.715	0.092	8.211	***
η_{15}	0.589	0.089	6.420	***
η_{16}	0.604	0.101	6.621	***
η_{17}	0.809	0.096	7.312	***
η_{18}	0.730	0.098	8.324	***
η_{19}	0.569	0.092	6.110	***
η_{20}	0.566	0.094	6.066	***

注：*** 表示 P 值小于 0.001。

二、效度检验和信度检验

效度检验也即拟合度检验，主要是检验样本数据与结构方程模型的拟合程度，一般需要对模型的 χ^2/df、RMSEA、TLI 和 CFI 四方面指标进行检验。χ^2 即卡方（Chi - square），df 表示自由度，二者之比宜小于 3；RMSEA 是近似误差均方根，其值宜小于 0.08；TLI 即 Tucker - Lewis 指数，其值宜大于 0.9；CFI 即比较拟合指数，其值宜大于 0.9。本书所建立的结构方程模型中，$\chi^2 = 263.8$，df = 170，$\chi^2/df = 1.55 < 3$，RMSEA = 0.074 < 0.08，TLI = 0.917 > 0.9，CFI = 0.926 > 0.9，均满足条件，可以认为结构方程模型与数据之间拟合度较好。具体效度检验结果见表 7 - 4。

表 7 - 4 　　　　　　　　　结构方程模型效度检验结果

拟合指标	检验值	检验标准	检验结果
χ^2	263.8	—	—
df	170	—	—
χ^2/df	1.55	$\chi^2/df < 3$	通过检验

续表

拟合指标	检验值	检验标准	检验结果
RMSEA	0.074	RMSEA < 0.08	通过检验
TLI	0.917	TLI > 0.9	通过检验
CFI	0.926	CFI > 0.9	通过检验

信度指模型分析结果的一致性和稳定性，即分析结果是否可靠地反映了模型的真实情况。一般通过对分析结果进行 t 检验来判断模型的信度情况。t 检验主要用来检验变量之间是否存在明显的相关性。t 值越大，估计参数的显著性水平越高。$t > 1.96$ 时，参数估计值的可信度达到 95%；$t > 2.58$ 时，参数估计值的可信度达到 99%。由表 7 - 3 可知，本书所构建的结构方程模型参数估计值都远大于 2.58，因此参数的显著性水平较高。

三、假设检验

（一）高阶因子假设检验

本书构建的结构方程用以研究区域因素、园区因素、产业因素、企业因素、资源因素对科技园区地方协同发展的影响。根据 AMOS v17.0 的分析结果，可以看出五方面因素对科技园区地方协同发展均具有很大的正面影响，假设检验通过。假设检验结果见表 7 - 5。

表 7 - 5 高阶因子假设检验结果

假设	关系	影响系数	t 值（C. R.）	检验结果
A	区域因素—科技园区地方协同发展	0.950	8.482	通过
B	园区因素—科技园区地方协同发展	0.821	10.451	通过
C	产业因素—科技园区地方协同发展	0.716	9.888	通过
D	企业因素—科技园区地方协同发展	0.798	10.947	通过
E	资源因素—科技园区地方协同发展	0.776	10.666	通过

（二）一阶因子假设检验

运行 AMOS v17.0 对结构方程一阶因子假设进行检验，检验结果见表 7 - 6。

表 7 - 6　　　　　　　　　　　一阶因子假设检验结果

假设	关系	影响系数	t 值（C. R.）	检验结果
A1	区域经济发展水平—区域因素	0.87	9.624	通过
A2	区域文化环境—区域因素	0.837	11.36	通过
A3	区域政策法规—区域因素	0.731	9.016	通过
A4	区域内高等院校和研究机构—区域因素	0.602	6.851	通过
B1	园区区位条件—园区因素	0.799	7.634	通过
B2	园区基础设施完善程度—园区因素	0.703	7.826	通过
B3	园区创新激励机制—园区因素	0.737	8.316	通过
B4	园区管理水平—园区因素	0.63	6.84	通过
C1	园区产业结构—产业因素	0.774	7.689	通过
C2	园区产业相似度—产业因素	0.688	7.388	通过
C3	园区产业关联—产业因素	0.649	6.906	通过
C4	园区主导产业发展状况—产业因素	0.684	7.344	通过
D1	企业创新能力—企业因素	0.82	7.351	通过
D2	企业家精神—企业因素	0.715	8.211	通过
D3	企业间竞争—企业因素	0.589	6.42	通过
D4	行业协会等社会组织—企业因素	0.604	6.621	通过
E1	园区间资本自由流动—资源因素	0.809	7.312	通过
E2	园区间人力资源自由流动—资源因素	0.73	8.324	通过
E3	园区间技术传播—资源因素	0.569	6.11	通过
E4	园区间信息交流—资源因素	0.566	6.066	通过

　　区域经济发展水平、区域文化环境、区域政策法规、区域内高等院校和科研机构与区域因素之间存在正相关关系，假设检验通过。

　　园区区位条件、园区基础设施的完善程度、园区创新激励机制、园区管理水平与园区因素之间存在正相关关系，假设检验通过。

　　园区产业结构、园区产业相似度、园区产业关联、园区主导产业发展状况与产业因素之间存在正相关关系，假设检验通过。

　　企业创新能力、企业家精神、企业间竞争、行业协会等社会组织与企业因素之间存在正相关关系，假设检验通过。

　　科技园区间资本自由流动、人力资源自由流动、技术传播、信息交流与资源因素之间存在正相关关系，假设检验通过。

第四节 上海市P区科技园区地方协同发展影响因素贡献度分析

一、高阶因子贡献度

通过因子分析，得到区域因素、园区因素、产业因素、企业因素和资源因素对P区科技园区协同发展的贡献度，整理成表7-7。

从表7-7中可以看出，各因素对P区科技园区协同发展的贡献度均较高，最高的达到0.95，最低的也达到0.716，说明这五方面因素与P区科技园区协同发展相关性较强，影响程度较高。

表7-7   高阶因子贡献度

分类	贡献度	排名	影响因素
一	0.95	1	区域因素
二	0.821	2	园区因素
	0.798	3	企业因素
	0.776	4	资源因素
三	0.716	5	产业因素

P区科技园区协同发展影响因素可以分为三个层次。第一层次为区域因素，其对P区科技园区协同发展的贡献度最高，达到0.95，说明区域整体环境对科技园区的地方协同发展有着极大的影响，区域整体环境越优良，科技园区协同发展程度越高。第二层次为园区因素、企业因素和资源因素，对P区科技园区协同发展的贡献度在0.8左右。第三层次为产业因素，对P区科技园区协同发展的贡献度为0.716，与其他因素相比贡献度较低。

区域因素高达0.95的贡献度充分说明了P区科技园区协同发展受到所在区域经济、政治、文化历史等多方面因素的影响。从世界科技园区的空间分布来看，科技园区多集中在美国、欧洲、日本等发达国家和发达地区，以及中国、印度等经济实力强劲的发展中国家；从我国科技园区的空间分布来看，科技园区多集中在东南沿海等经济发达区域和中、西部地区的省会城市。可以看出，科技园区对区域综合实力有较高要求，区域经济发展水平越高、文化越开放，所能够汇聚的资源越多，能够建立的园区也越多，园区之间协同作用的程度越高。

园区因素的贡献度排在第二位，为 0.821，说明园区之间的协同作用很大程度上受到园区本身的影响。在园区因素中，园区区位条件的贡献度最高，达到近 0.8，说明良好的区位和便利的交通有利于园区与外部进行资源交换，增加园区之间的协同作用。园区基础设施的完善程度、园区创新激励机制和园区管理水平也从不同的方面促进了 P 区科技园区协同发展。

科技园区地方协同发展以园区企业之间的协同发展为基础，企业因素的贡献度为 0.798，接近 0.8，是 P 区科技园区协同发展不容忽视的推动因素。在企业因素中，企业创新能力和企业家精神的贡献度较高。企业具有的创新能力越高，越容易与其他企业进行技术交流合作，通过技术创新的协同带动整个区域创新能力的提高，推动科技园区的发展。具有企业家精神的企业更容易与其他企业进行协同，有助于增加科技园区的协同程度。

科技园区的协同作用通过资源流动而实现。资源因素对 P 区科技园区协同发展的贡献度为 0.776，略微低于企业因素。在资源因素中，科技园区间资本自由流动的贡献度最高，其次为人力资源自由流动的贡献度。资本流动可以引导其他经济资源的集聚，资本聚集的地方往往是经济资源聚集的地方。科技园区之间的产业协同和企业协同都会产生资金流，不同园区之间的资金流动引导经济要素向先进产业和先进部门集聚。人力资源是科技园区发展的基础，为科技园区发展提供智力支持，也是科技园区之间联系的重要途径。资本要素和人力资源在科技园区之间的自由流动促进了生产要素的合理配置，推动了科技园区的发展。

科技园区的地方协同发展以园区产业之间的协同作用为支撑。产业因素对 P 区科技园区协同发展的贡献度为 0.716，虽然与其他因素相比贡献度较低，但对 P 区科技园区协同发展依然起着较大的推动作用。产业因素之中，各因素的贡献度比较平均，仅园区产业结构的贡献度较高。这说明科技园区主导产业的选择、主导产业与配套产业的比例和地位对 P 区科技园区协同发展的影响较为显著，在科技园区发展过程中应更加注重产业结构调整优化升级。

二、一阶因子贡献度

通过因子分析，得到 20 个一阶因子对 P 区科技园区协同发展的贡献度，整理成表 7 − 8。

表 7 − 8　　　　　　　　　　　　一阶因子贡献度

排名	影响因素	贡献度
1	区域经济发展水平	0.87
2	区域文化环境	0.837
3	企业创新能力	0.82
4	园区间资本自由流动	0.809
5	园区区位条件	0.799
6	园区产业结构	0.774
7	园区创新激励机制	0.737
8	区域政策法规	0.731
9	园区间人力资源自由流动	0.73
10	企业家精神	0.715
11	园区基础设施完善程度	0.703
12	园区产业相似度	0.688
13	园区主导产业发展状况	0.684
14	园区产业关联	0.649
15	园区管理水平	0.63
16	行业协会等社会组织	0.604
17	区域内高等院校和研究机构	0.602
18	企业间竞争	0.589
19	园区间技术传播	0.569
20	园区间信息交流	0.566

由表 7 − 8 可以看出，区域发展水平、区域文化环境和企业创新能力这三个一阶因子对科技园区协同发展的贡献度较高，排在前三位。具体如下。

（一）较高的区域经济发展水平是 P 区科技园区协同发展的前提

从全国范围来看，上海市 P 区经济发展水平相对较高，区域内经济软化程度也相对较高。科技园区中具有相当规模的技术服务机构、资本服务机构和咨询服务机构，为科技园区进行资本协同和创新协同创造了良好条件。同时，较高的经济发展水平吸引着大量优质人力资源、资本和知识要素在科技园区集聚，为科技园区的技术创新和制度创新提供了要素支撑，有助于科技园区的企业之间进行创新协同。

（二）良好的区域文化环境是 P 区科技园区协同发展的助力

P 区位于国际化大都市上海，蕴含"海纳百川，兼容并蓄"的上海海派文化。这种优性文化一方面促进了外来资本和企业与本土资源的融合，减少了融合时间和融合成本，加快了形成新的生产网络和社会网络，促进了科技园区间资源流动和企业合作；另一方面也增加了不同园区企业之间的信任程度，减少了因不信任而增加的交易成本，提高了不同科技园区企业合作的效率。

（三）较高的企业创新能力是 P 区科技园区协同发展的支撑

具有较高创新能力的企业往往具有其他企业所不曾掌握的先进技术和理念，通过交流合作或技术交易，能够加强创新协同作用，加快区域技术扩散，提高以之为中心的区域竞争力。在技术交流或交易过程中形成的生产联系，也有助于巩固和拓展科技园区地方生产网络，进一步推进科技园区地方协同发展。

第五节 小 结

本章通过建立结构方程模型对影响 P 区科技园区协同发展的五方面因素进行了实证分析。结构方程模型可以通过对可观测变量的分析来量化潜在变量的影响。本章所归纳的影响因素有相当一部分难以进行直接观测，因此选择运用结构方程模型可以有效避免影响因素难以量化的问题。在进行方程拟合的过程中，由于结构方程的拟合指标并无一个确定的标准，笔者根据其他学者的研究结合自身的经验确定了最终的标准，该标准的整体要求较高。通过对 P 区科技园区协同发展影响因素的实证分析，确定了各因素的贡献度，方便进行更加直观的比较。

第八章

科技园区地方协同发展的理论
构架和实践对策

——基于 P 区的经验

本章将在本书研究的基础上，归纳出科技园区地方协同发展理论研究的结论，并对研究可以拓展的地方进行展望。最后，基于 P 区的经验，提出了关于科技园区地方协同发展的实践对策。

第一节　科技园区地方协同发展理论构架

一、科技园区在地方生产网络基础上进行协同发展

（一）科技园区地方生产网络系统为协同发展提供了基本框架

科技园区地方生产网络系统是指由多个科技园区地方生产网络彼此交织而形成的网络系统。第一，在区域范围内多个科技园区之间，产业链和价值链的网络化形成多个地方生产网络，这些生产网络彼此交叉重叠，构成了科技园区地方生产网络系统。第二，在此系统中，不同科技园区的企业可能属于同一生产网络，同一科技园区的企业也可能属于不同生产网络。第三，科技园区与生产网络交织在一起，生产网络以一个个科技园区为核心组成部分，科技园区嵌入到一个个生产网络之中。这种地方生产网络和科技园区重叠交织的特殊形态为科技园区之间的协同作用提供了基本框架。

（二）科技园区地方协同发展的内涵

科技园区地方协同发展是指在科技园区地方生产网络系统中，各园区、企业、相关政府职能部门、中介机构、大学及科研机构等组成要素之间优势互补、协调合作，发展活力得以充分释放、发展潜力得以充分发挥，使得系统整体发展大于各要素独立发展之和，形成有序运作的协同发展状态。

（三）生产网络基础上科技园区地方协同发展模式

科技园区地方协同发展模式包括企业协同模式和园区协同模式两种。在科技园区地方生产网络系统中，位于不同园区的企业主体之间的协同作用即为企业协同，包括生产协同、销售协同、资本协同、品牌协同和创新协同；园区主体之间的协同作用即为园区协同，包括产业协同、功能协同、服务协同和品牌协同。

1. 企业协同

（1）生产协同：围绕产品生产过程所进行的协同，在生产网络中，领导厂商和供应商是生产协同的主要发起者。

（2）销售协同：围绕产品销售过程所进行的协同，在生产网络中，领导厂商与经销商是销售协同的主要发起者。

（3）资本协同：围绕资金募集所进行的协同，在生产网络中，投资机构、金融机构、具有资本优势的企业，以及具有发展潜力的企业是资本协同的主要发起者。

（4）品牌协同：围绕品牌所进行的协同，在生产网络中，拥有较高品牌价值的企业和与其具有产业链上下游关系或产品相关性的企业是品牌协同的主要发起者。

（5）创新协同：围绕技术创新和制度创新所进行的协同，在生产网络中，高等院校和科研机构、具有一定资金规模的大型企业和高技术企业是创新协同的主要发起者。

2. 园区协同

（1）产业协同：多个科技园区之间，根据自身主导产业、支撑产业和配套产业的特点，根据自身的区位优势、资源禀赋、文化特点等因素，通过产业之间的协同合作，形成资源多向流动、竞争优势互补、产业共同发展的良好局面。

（2）功能协同：在由多个科技园区组成的系统中，将科技园区的基本功能、一般功能和特殊功能与园区实际有机结合，在整个系统内进行合理配置、统筹安排，实现园区功能错位和功能互补。

（3）服务协同：多个园区之间基于服务提供而产生的协同。一是科技园区通过服务差异引导企业在不同园区之间合理配置；二是具有先行优势的科技园区向后行园区提供服务输出。

（4）品牌协同：科技园区围绕品牌所进行的协同。在由多个科技园区所组成的生产网络系统中，知名度较高、品牌附加值较高的科技园区与知名度较低的科技园区进行品牌联合。

（四）科技园区地方协同发展的机理

不同园区之间生产网络主体的协同作用引起资本、劳动力要素和知识在园区之间流动，实现园区间资源优化配置。

1. 资本流动

科技园区间协同作用促进生产网络系统中资本向园区主导产业和竞争优势产业集聚，为这些产业提供深厚的资金支持；同时，资本"黏性"引导其他生产要素向这些产业汇聚。通过两方面的作用优化科技园区间资源配置，促进园区产业结构调整升级。

2. 劳动力要素流动

科技园区协同作用促进劳动力要素在生产网络系统中流动，有助于优化科技园区间劳动力资源配置，推进科技园区产业结构升级；有助于促进智力资源向先进部门集聚、先进技术和理念在科技园区间传播，提高科技园区创新能力。

3. 知识要素流动

科技园区协同作用促进知识要素在不同产业、不同区域间的传播。同一产业内部的知识扩散有助于在区域范围内形成产业技术优势，与周围区域的同质产业形成"技术势差"。不同产业之间的知识扩散有助于相互借鉴，通过智慧碰撞爆发灵感，形成新的技术成果，促进产业发展变革。

二、上海市 P 区科技园区协同发展经历的三个阶段

上海市 P 区科技园区协同发展经历了企业自主、政府引导、多元驱动三个阶段。在不同的阶段，P 区科技园区协同发展的驱动机理、主要协同模式和主要影响因素也在不断地发生变化，总体上呈现从低级到高级、从简单到复杂、从单要素独立驱动到多要素混合驱动的演变规律，协同范围越来越广、协同程

度越来越深、协同效果越来越好。

第一阶段为孕育阶段（企业自主阶段），驱动机理为科技园区企业的单要素驱动，主要协同模式是生产协同和低级的产业协同，主要影响因素是企业家精神和企业竞争。第二阶段为发展阶段（政府引导阶段），驱动机理为政府与企业双要素驱动，主要协同模式为销售协同、高级产业协同、功能协同和服务协同，主要影响因素为区域政策法规和主导产业发展状况。第三阶段为成熟阶段（多元驱动阶段），驱动机理为园区、政府、企业多要素共同驱动，主要协同模式为品牌协同、资本协同和创新协同，主要影响因素为园区创新激励机制和资本自由流动。总体来看，科技园区的发展呈现从低级到高级、从简单到复杂、从单要素独立驱动到多要素混合驱动的演变规律。

三、上海市 P 区科技园区协同发展程度较弱

P 区科技园区协同程度较弱，协同作用在科技园区发展中的贡献度较低。园区企业间联系次数较少，所涉及企业在园区所有企业中的占比较低。园区企业在长三角、全国乃至全球范围的地理空间寻找协同伙伴，整体呈现协同外向型、国际化的发展趋势。在地域范围内，地理临近不再是促进地方生产网络形成和科技园区协同作用的主要因素，基于产业链和价值链的企业协同成为科技园区地方协同发展的主要贡献因素。

科技园区协同作用程度与科技园区发展情况存在一定的相关性。WLD 园、HD 园、TD 园、TJ 园是中心度最高的四家科技园区，说明它们在整个生产网络中与其他园区的协同程度最高。同时，可以发现这四家园区也是综合能力评价排在前列的四家科技园区。因此我们可以认为，科技园区间协同作用程度与园区发展情况存在一定的正相关性。

通过对 P 区各科技园区进行协同中心度分析，发现 WLD 园和 HD 园与其他园区协同作用程度最高，KJ 园协同作用程度最低。通过对 P 区各科技园区进行中间中心度分析，发现 TD 园、WLD 园、HD 园、ZH 园对其他园区间的协同作用具有较高的影响力，TP 园、JY 园和 KJ 园对其他园区的协同作用影响力最低。通过对 P 区各科技园区进行结构洞分析，发现 WLD 园区与其他园区间协同作用受到的限制最少，协同作用稳定性最高；KJ 园与其他园区间协同作用受到的限制最多，协同作用稳定性最低。通过对 P 区各科技园区进行凝聚子群分析，发现 TD 园、WLD 园、HD 园、WN 园属于同一个派系，协同作

用更多地发生在电子信息和软件开发产业之间；TJ 园、M 园、ZH 园属于另一个派系，协同作用更多地发生在文化创意产业之间。TP 园、JY 园和 KJ 园则游离于派系之外。

四、五方面因素对 P 区科技园区协同发展影响程度较强

区域因素、园区因素、产业因素、企业因素和资源因素与 P 区科技园区协同发展之间存在明显的正相关关系，对 P 区科技园区协同发展均具有相当高的贡献度。各因素可分为三个层次。第一层次为区域因素，对 P 区科技园区协同发展有着极大的影响，区域整体环境越优良，科技园区协同发展程度越高。第二层次为园区因素、企业因素和资源因素，对 P 区科技园区协同发展具有较高的贡献度。第三层次为产业因素，对 P 区科技园区协同发展的贡献度较低。具体分析如下。

（一）较高的区域经济发展水平是 P 区科技园区协同发展的前提

从全国范围来看，上海市 P 区经济发展水平较高，区域内经济软化程度较高。科技园区中具有相当规模的技术服务机构、资本服务机构和咨询服务机构，为科技园区进行资本协同和创新协同创造了良好条件。同时，较高的经济发展水平吸引着大量优质人力资源、资本和知识要素在科技园区集聚，为科技园区的技术创新和制度创新提供了要素支撑，有助于科技园区的企业之间进行创新协同。

（二）良好的区域文化环境是 P 区科技园区协同发展的助力

P 区位于国际化大都市上海，蕴含"海纳百川，兼容并蓄"的上海海派文化。这种优性文化一方面促进了外来资本和企业与本土资源的融合，减少了融合时间和融合成本，提高了形成新的生产网络和社会网络的速度，促进了科技园区间资源流动和企业合作；另一方面也增加了不同园区企业之间的信任程度，减少了因不信任而增加的交易成本，提高了不同科技园区企业合作的效率。

（三）较高的企业创新能力是 P 区科技园区协同发展的支撑

具有较高创新能力的企业往往具有其他企业所不曾掌握的先进技术和理念，通过交流合作或技术交易，能够加强创新协同作用，加快区域技术扩散，提高以之为中心的区域竞争力。在技术交流或交易过程中形成的生产联系，也有助于巩

固和拓展科技园区地方生产网络，进一步推进科技园区地方协同发展。

第二节 科技园区地方协同发展的实践对策

一、加大政策协同，增强园区的发展活力

（一）争取落实国家、市区创新政策

重点协调张江示范区有关政策延伸至P园的实施，推进张江示范区专项发展资金、股权激励和挂牌"新三板"等试点政策落实；积极争取张江示范区在P园开展股权激励试点，协调推进股权奖励个人所得税递延缓缴等政策的落实；针对P园实际发展状况，积极争取市区赋予新的试点政策（如审批权下放）并开展先行先试。要通过政策引导明确企业发展方向，通过政策激励释放企业创新活力。

（二）建立健全园区协同发展的财税扶持政策

按照《P区加快推进科技创新工作若干意见》的文件精神，重点研究P园建设重大问题、梳理现有各类科技政策，提出P园创新协同发展政策体系及实施细则的建议；设立产业协同专项发展资金，每年从P区科技发展专项资金中划拨定额资金，用于支持园区内高新技术产业发展、人才引进、功能性设施建设等。深化现有科技园区财税扶持政策，结合P区实际，管委会统一归口财政资金扶持，制定出台实施细则，根据各园区企业总税收形成的区级财力增长情况，给予园区一定的财政资金扶持，重点用于各园区的招商引资、空间开发、公共服务平台建设等方面；推动园区内企业申报国家和市级科技专项资金，对一些重点项目做好区级财政资金的匹配工作。

（三）通过主导产业在园区间的协同作用带动科技园区的协同发展

抓住各科技园区特色产业、主导产业重点发展，努力形成"一园一特、一园一策"的新局面。增加对主导产业的政策配套供给。围绕主导产业调整科技

园区产业结构，实现主导产业、配套产业和辅助产业相辅相成、共同发展。

（四）落实园区人才柔性流动的激励政策

充分运用并落实国家、市区对引进海内外高层次经营管理人才、专业技术人才、高技能人才给予的激励和补贴政策，并在教育、医疗、人才公寓、公共租赁住房等领域给予政策倾斜；积极对接张江示范区开展人才特区建设创新、申报国家和市级人才示范基地。

二、健全管理协同，建立运转顺畅的体制机制

（一）建立事权集中统一的园区管理体制

P 区科技园区的协同发展，需要建立适应 P 区"一区多园"格局、符合产业空间布局的管理体制，要在充分运用已有张江 P 园管理体制的基础上，实现高标准规划、高效率管理。应采用"领导小组＋分区管委会＋园区公司"模式。

在区级层面成立 P 区科技园区协同发展领导小组，领导小组的主要职责是：第一，协调推进园区有关发展战略、产业政策、体制创新、空间和产业规划等实施工作。第二，协调指导各分片管委会帮助园区和企业解决发展中遇到的瓶颈问题。第三，协调促进关键机构、龙头企业、重大项目的引进和发展。第四，负责管理专项发展资金，对资金使用进行指导、评估和监督。领导小组办公室设在区科委，作为日常管理的非常设行政管理机构。

根据各园区的行政区划和产业协同的需要，领导小组下设置四个片区的管委会。其中：设立以 CZ 镇为主体的 CZ 分园（ZH 商贸区）管委会，分管 TD 软件园、HD 师范大学科技园、XCY 高新园、ZH 国际中小企业总部社区等园区的协同，重点发展软件动漫和电子信息产业；设立以 CS 街道为主体的 CS 分园（CS 商业服务区）管委会，分管 SHM 创意园、TJ 文化信息港、KJ 大厦、KJ 馆等园区的协同，重点发展文化创意产业；设立以 CF 投资集团为主体的 CF 分园（CF 生态商务区）管委会，分管 CF 生态商务区、SH 化工院新材料园区和 WN 科技园等园区的协同，重点发展节能环保、新材料和科技产品检测认证服务等产业；设立以 TP 转型办为主体的 TP 分园（TP 科技智慧城）管委会，分管 TP 科技智慧城、WLD 高新技术产业园、TJ 大学科技园 HX 园区、ZR 铁三角科技园等园区的协同，重点培育先进制造业的总部、研发和销售结

算企业。四大分片管委会的主要职责是：第一，健全优化园区管理体制和运行机制。第二，研究拟订下属园区发展和产业规划，组织编制高水平的控制性详细规划。第三，为科技园区提供服务，积极帮助科技园区解决问题和困难、搭建公共服务平台、促进科技园区整体发展。园区公司则负责自身的开发建设和运营管理（见图 8－1）。

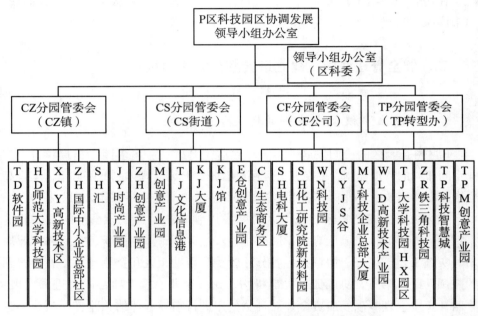

图 8－1　上海市 P 区科技园区协同发展组织架构图

资料来源：根据笔者调查整理绘制。

（二）进一步加强园区管理机制的创新

要构建"机制优化、职能完备、贴近服务、建管并举"的运行机制。"机制优化"是指深化建设领导小组、分片管委会和各园区管理公司的协同联动；把领导小组的统筹协调功能与分片管委会主导产业和园区日常管理结合起来，实行区级统筹、管委会主导、园区管理的三级管理体制，使园区成为承接创新要素和实现科技成果转化的实体。"职能完备"是指重点研究制定科技园区协调发展的管理办法，为建立规范高效的管理机制提供操作依据，建立健全承上启下、边界清晰的协调服务职能体系。"贴近服务、建管并举"就是根据园区建设管理服务的特点，把政策、项目、资金、人才等资源向园区倾斜，促成研发基地、产业集群、服务平台就地融合，形成科技成果产业化最直接、最紧密的结合通道。

三、产业错位、功能互补、优化园区服务环境

（一）促进产业协同，错位发展自成特色

1. 注重产业错位发展

统筹规划区域内科技园区的主导产业发展，促进园区之间的产业协同、优势互补。结合 P 区实际产业特点，聚焦战略性新兴产业，系统规划"软件信息服务业"、"先进制造业"、"高技术服务业" 及 "生物医药" 等创新要素和产业链。要结合各分园地理位置、已有产业形态，进一步明确各分园产业发展导向，重点聚焦"1＋4"产业（"1"指信息产业，"4"指高技术服务业、生物医药、新材料和先进制造业），促进产业规划和区域发展规划需求融合发展（见图 8 – 2）。

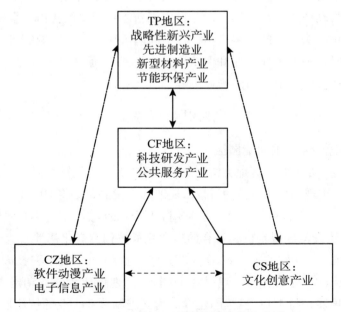

图 8 – 2　上海市 P 区产业空间布局示意图

资料来源：笔者根据调研资料整理绘制。

2. 明确科技园区产业定位

鉴于 TD 软件园、WLD 高新技术产业园、HD 师范大学科技园、WN 科技园等协同作用发生在电子信息和软件开发产业,TJ 信息商务港、SHM 创意产业园、ZH 创意产业园等协同作用发生在文化创意产业的状况,通过规划分别明确信息产业和文化创意产业的集聚区,并将两类产业作为区域经济发展的支柱产业予以重点培育。

3. 建立科技园区的产业引导目录和企业准入标准

确定科技园区的建设发展目标、产业引导目录和产业准入标准。通过综合协调机构制定每年的年度计划,分类推进,督办反馈,确保产业集聚;通过招商引资机构,有序引进龙头企业、跨国总部、重大项目,将新增企业导入产业特色鲜明的区域,促进产业资源梯度配置、产业集群做大做强;通过项目评审机构,对区域的产业项目和引进企业进行严格把关;通过开发建设机构,加强园区建设质量的引导,建立健全研发链、产业链、服务链和价值链,促进企业自主创新能力提高和园区产业能级提升。

4. 优化产业培育机制

科技园区要积极联合承接国家、市级科技重大专项与产业攻关项目,发挥重大项目的带动作用,加快构建产业自主创新体系。要深化市区合作和院企合作机制,强化龙头企业的集聚机制,在不同园区集中扶持区域优势产业领域龙头企业。同时,根据主导产业和龙头企业的需要,通过定向孵化、定向引进,加快中小企业集聚,形成新的产业集群。

(二) 完善功能协同,规划引导优势互补

1. 打造优势互补的功能园区

区政府应立足科技园区地方协同发展的现状,打造能够服务于不同园区的功能平台,并注重规划引导,推动科技产业的集聚发展,如将 HD 师范大学科技园建设成为科技人才教育培养基地、将 WN 科技园建设成为科技企业检测认证平台。

2. 加快建设与区域定位相符合的专业化科技创业孵化基地

在核心园区 TD 软件园、WLD 高新技术产业园、TJ 大学科技园或 SHM 创意园建成相应的产业孵化器。建议将 TD 软件园建设成为软件动漫等科技服务业企业的孵化器,将 WLD 科技园建设成为先进制造业企业的孵化器,将 TJ 大学科技园或 SHM 创意园建设成为文化创意产业孵化器。同时,要优化创新型企业的培育机制,把企业孵化向培育创业团队、加速企业发展延伸,形成以创

业苗圃、孵化器、加速器为主线的"一体化"培育机制，完善培育链、增强
服务链、强化产出链。

3. 加大公共创新资源配置和公共服务平台建设

政府要围绕"功能平台联动、企业交流互动"的目标，加大公共创新资
源配置力度，搭建公共服务平台。要加快推进以科技园区为核心的生产网络形
成和发展，引导鼓励科技园区发挥协同作用，促进科技园区的协同发展。

（三）加强服务协同，优化园区整体环境

1. 搭建信息交流平台

政府通过创造良好环境汇聚经济资源，加深科技园区协同作用程度，增加
科技园区协同作用效果。应在不同园区同一产业间组织行业同盟或协会，还可
以举办产品的展示展销会议，促进园区间企业根据各自需求进行生产分工、技
术研发和销售等方面的协同；或者在园区间不定期地举办一些联席会议、联谊
会和招商引资推介会，加强园区之间的信息交流和相互合作，促成科技企业在
区域内的落地，也为区域内园区间企业相互的产业梯度转移提供条件。

2. 建立健全统计指标体系

结合五年一次的经济普查，结合现有的高新技术企业统计、软件和信息服
务业统计、科技企业年报统计等制度和渠道，梳理出 P 园范围内的科技企业。
指导各分园建立统计联络站，加强统计工作机制建设和数据分析，为实施战略
统筹、政策扶持提供可靠依据；制定园区发展评估指标体系和评估制度，实施
园区发展年度评估，加强评估结果的运用，探索建立绩效考核机制。

3. 完善科技园区协调发展的评价考核机制

实践中，一些科技园区只是看中政策优惠，并没有以科技创新为第一要
务，园区内仍驻有大量劳动密集型、资源密集型的企业，等同于一般开发区。所
以政府可以使用对科技园区协调发展的评价研究，作为政府考核参考依据，鼓励
优质园区的发展，对综合水平垫底的科技园区进行调整，形成动态评价机制。

4. 逐步完善园区服务体系

积极参加张江示范区的各类合作交流活动，适时适情参加国内外重要合作
交流活动，为 P 园企业输出创新品牌、参与国际竞争创造条件；逐步完善综
合、技术、人才和市场拓展服务等公共服务体系建设，着力推进产城融合发
展，形成文化、城区、产业、创新功能的配套服务机制。同时，应鼓励科技园
区之间提供企业注册和产业扶持政策方面的服务输出。

四、创新驱动、品牌输出、拓宽企业融资渠道

（一）形成创新协同，逐步提升园区技术研发能力

充分发挥 P 区高校、科研院所集聚的特点，积极推进以企业为主体、市场为导向、产学研相结合的技术创新体系建设，加快先进适用技术和产品的推广应用，加速科技成果的产业化。将与高校院所进行产学研结合作为一大特色来着重打造：重点推进园区和企业与 HD 师范大学、TJ 大学等高等院校以及与 SH 电科所、SH 化工院和 ZD50 所等科研院所共建合作平台，促进产学研的深度结合，对企业从高校和科研院所引进的高新技术成果项目及利用国内外先进专利技术实施产业化的项目优先推荐立项，并作为区科技专项计划的重点项目予以倾斜扶持；重点推进高校院所加强产业共性关键技术研发攻关，加强技术服务、人才服务等公共服务平台建设，为区域内企业自主创新提供更好的条件；重点扶持区域内科研院所面向市场不断开发科研成果，通过科技成果产业化孵化一批专精科技型中小企业，促进区域产业结构调整和科技产业迅速发展。

（二）注重品牌协同，充分发掘园区的内在附加值

发挥"张江 P 园、SHM 创意园、TD 软件园、WLD 高新技术产业园"等区域品牌的带动作用。综合运用平面媒体和立体媒体，采取多种形式、通过多种渠道宣传 P 园发展的前景、目标、任务和措施，吸引社会各方各界关注 P 区、聚焦 P 区、参与 P 区建设；积极参加张江示范区各项评比表彰活动，力推一批 P 园自主创新先进单位、团队和个人，大力宣传先进典型，切实加强区域科技园区品牌建设。

（三）探索资本协同，为科技企业的投资融资提供途径

推进企业短期流动贷款信息反担保体系建设，对于需要短期流动贷款的入园企业，经过管委会和园区评估合格后，由园区为贷款企业提供信用反担保，由区财政为贷款企业提供一定比例的贴息贴费支持。积极引导园区企业开展科技金融服务建设。积极建立健全科技金融服务尤其是小微企业融资服务平台，推进不同园区企业开展股份制改造和挂牌"新三板"试点，落实对上市和挂牌企业的补贴措施。支持鼓励园区、企业建立各类科创引导基金、企业孵化基金、股权投资基金等，孵化培育不同园区的企业。

参 考 文 献

［1］ Aage T.. Acquisition of external information by industrial districts a case study of the leisure and sportswear industry in the industrial district of Montebelluna, NE Italy ［J］. Clusters, Industrial Districts and Firms: the Challenge of Globalization. (Paper presented at the Conference on) Modena, Italy. September 12 – 13, 2003.

［2］ Amin Ash, Thrift Nigel. Globalization institutions and regional development in Europe ［M］. Oxford University Press, 1996.

［3］ Anna Lee S.. Regional Advantage: Culture and Competition in Silicon Valley and Route 128 ［M］. Harvard University Press. 1994.

［4］ Aydalot P. H. 1986. Milieux Innovateurs en Europe. Paris: GREMI: 5 – 28.

［5］ Aydalot P. H. , Keeble D.. 1988. High Technology Industry and Innovative Environments: the European Experience. London: Routledge: 11 – 39.

［6］ Bathelt H. , Malmberg A. , Maskell P.. Clusters and knowledge: Local buzz, global pipelines and the process of knowledge creation ［J］. Progress in Human Geography, 2004, 28 (1): 31 – 56.

［7］ Bing, J. W.. Hofstede's consequences: The impact of his work on consulting and business practice ［J］. Academy of Management Executive, 2004, 18 (1): 80 – 87.

［8］ Borrus Michael. Left for dead: Asian production networks and the revival of U. S. electronics: Barry Naughton, ed. , The China Circle: Economics and Electronics in the PRC, Taiwan, and Hong Kong. Washington, D. C. ［M］. Brookings Institution Press, 1997.

［9］ Camagni R.. 1991. Innovation Networks: Spatial Perspectives ［M］. London: Belhaven Press: 3 – 10.

［10］ Camagni R.. 1997. Global network and local milieu: towards a theory of economic space. Conti S. , Malecki E. J. , Oinas P. The Industrial Enterprise and Its Environment: Spatial Perspectives. Avebury: aldershot.

[11] Coe, N. and Hess, M. and H. W – C. , Yeung and Dieken, P. and Henderson J. (2004), Globalizing, regional development: a global production networks perspective, Transactions of the Institute of British Geographers, New Series 29: 468 – 484.

[12] Dicken P. , *et al*. Chains and networks, territories and scales: toward a relational framework for analyzing the global economy [J]. Global Networks, 2001, 1 (2): 89 – 112.

[13] Dicken P. , Malmberg A. . Firms in territories: a relational perspective [J]. Economic Geography, 2001, 77 (4): 345 – 363.

[14] Dimitriadis N. I. , Koh S. C. L. . Information flow and supply chain management in local production networks: the role of people and information systems [J]. Production Planning & Control, 2005, 16 (6): 545 – 554.

[15] Ernst, Dieter (2002a), Global Production Networks and the Changing Geography Innovation Systems: Implications for Developing Countries. Journal of Economics Innovation and New Technologies, 11 (6): 497 – 523.

[16] Ernst, Dieter (2002b), Global Production Networks in East Asia's, Electronics Industry and Upgrading Perspectives in Malaysia, Economics Study Area Working Papers wP44, East – West Center, Economics Study Area, http: // ideas. repec. org/e/per44. html.

[17] Ernst, Dieter, and Linsu Kim (2002), Global Production Networks, Knowledge Diffusion, and Local Capability Formation. Research Policy, m31 (8 – 9): 1417 – 1429.

[18] Francis C. C. K. , Winston T. H. K. , Feichin T. T. An analytical framework for science parks and technology districts with an application to Singapore. Journal of Business Venturing, 2005, 20 (2): 217 –239.

[19] Gereffi, G. The Organization of Buyer – driven Global Commodity Chains: How US Retailers Shape Overseas Production Networks [A]. In: G. Gereffi and M. Korzeniewicz (eds.), Commodity Chains and Global Capitalism [C]. Westport: Praeger, 1994.

[20] Giuliani E. Cluster absorptive capacity: why do some clusters forge ahead

and others lag behind? [J]. European Urban and Regional Studies, 2005, 12 (3):
269 – 288.

[21] Hakansson H. Industrial Technological Development: A Network Approach [M]. London: Croom Helin, 1987.

[22] Hansson F., Husted K., Vestergaard J. Second generation science parks: from structural holes jockeys to social capital catalysts of the knowledge society. Technovation, 2005, 25 (9): 1039 – 1049.

[23] He Shaowei. Clusters, Structural Embeddedness and Knowledge: A Structural Embeddedness Model of Clusters [R]. Denmark: DRUID – DIME Winter PhD Conference, 2006: 1 – 35.

[24] Henderson J., Dicken P., Hess M., Coe N., and Yeung W. C. Global production networks and analysis of economic development [J]. Review of International Political Economy, 2002, (9): 436 – 464.

[25] Hess, M. and H. W. C. Yeung, Whither Global Production Networks in Economic Geography, Environment and Planning A, 2006, 38 (7): 1193 – 1204.

[26] Hughes, et al. Organizational geographies of corporate responsibility: a UK – US comparison of retailers' ethical trading initiatives [J]. Journal of Economic Geography, 2000, (7): 491 – 513.

[27] Humphrey J., Schmitz H. Governance and Upgrading: Linking Industrial Cluster and Global Value Chain [R]. IDS Working Paper, 2000.

[28] Kan – Ichiro, S., Sang – Hoon, K. and Zong – Tae, Bae, 2002. "Entrepreneurship in Japan and Silicon Valley: A Comparative Study", Technovation.

[29] Karlsen A., Nordhus M. Between close and distanced links: Firm internationalization in a subsea cluster in Western Norway. Norsk Geografisk Tidsskrift – Norwegian [J]. Journal of Geography, 2011, 65 (4): 202 – 211.

[30] Lai Si Tsui – Auch. Regional production relationship and developmental impacts: a comparative study of three regional network. International Journal of Urban and Regional Research, 1999, 23 (2): 345 – 359.

[31] Lash S., Urry J. 1994. Economies of Signs and Space: After Organized Capitalism. London: Sage.

[32] Lucas M. , Sands A. , and Wolfe D. A.. Regional clusters in a global industry: ICT clusters in Canada [J]. European Planning Studies, 2009, 17 (2): 189 – 209.

[33] Mark Granovetter. The Strength of Weak Ties [J]. American Journal of Sociology, 1973, 78 (5): 1360 – 1380.

[34] Marshall A. Elements of Economics of Industry [M]. London: Macmillan, 1910: 19 – 48.

[35] Petruzzelli A. M. , Albino V. , Carbonara N.. External knowledge sources and proximity [J]. Journal of Knowledge Management, 2009, 13 (5): 301 – 318.

[36] Philip Cooke. Regional innovation systems: competitive regulation in the new Europe [J]. Geoforum, 1992, 23 (3): 365 – 382.

[37] R. B. Kline. Principles and Practice of Structural Equation Modeling [M]. New York: Guilford Press, 1988: 8 – 13.

[38] Scott A. J.. Metropolis: From the Division of Labor to Urban Form [M]. Berkeley, CA: University of California Press, 1988a.

[39] Scott A. J.. Flexible Production Systems and Regional Development: The Rise of New Industrial Spaces in North America and Western Europe [J]. International Journal of Urban and Regional Research, 1988b, 12 (2): 171 – 186.

[40] Scott A. J.. Economic geography: the great half – century [J]. Cambridge Journal of Economics, 2000 (24): 483 – 504.

[41] Scott A. J. The cultural economy of cities [J]. International Journal of Urban and Regional Research, 2006, 21 (2): 323 – 339.

[42] Scott A. J. Geography and Economy: Three Lectures [M]. New York: Oxford University Press, 2006.

[43] Storper M. The Regional World: Territorial Development in a Global Economy [M]. New York and London: Guilford Press, 1997.

[44] Sturgeon, T. and Lee, J. Industry Co – evolution and the Rise of A Shared Supply – base for Electronics Manufacturing [R]. Paper Presented at Nelson and Winter Conference, Aalgborg, June, 2001.

[45] Ter Wal A. L. J. Cluster Emergence and Network Evolution: A Longitudinal Analysis of the Inventor Network in Sophia – Antipolis [R]. Utrecht: Papers in

Evolutionary Economic Geography，2008：1 – 24.

［46］Tiago Ratinho，Elsa Henriques. The Role Technovation 2010，Volume 30，Issue 4，April 2010，Pages 278 – 290.

［47］Tushman M. L.，Katz R. External communication and project performance：An investigation into the role of gatekeepers ［J］. Management Science，1980（26）：1071 – 1085.

［48］Weller S. Beyond. "Global Production Networks"：Australian Fashion Week's Trans – sectoral Synergies ［J］. Growth and Change，2008（39）：104 – 122.

［49］Yeung H. W. C. Practicing New Economic Geographies：A Methodological Examination ［J］. Annals of the Association of American Geographers，2003，92（2），442 – 462.

［50］Yu – Shan Su，Ling – Chun Hung. Spontaneous vs. policy – driven：The origin and evolution of the biotechnology cluster ［J］. Technological Forecasting and Social Change，2009，76（5）：608 – 619.

［51］曹监平，晁静. 国际资本流动的政治经济学分析——基于全球生产网络的视角 ［J］. 郑州师范教育，2013（1）：92 – 96.

［52］曹阳. 区域产业分工与合作模式研究 ［D］. 长春：吉林大学，2008.

［53］陈剑峰，陈洋. 基于产业集群的知识管理研究 ［J］. 科技管理研究，2003（4）：65 – 69.

［54］陈琦. 结构方程模型及其应用 ［J］. 中国卫生统计，2004（4）：70 – 74.

［55］陈雅兰，雷德森. 海峡两岸高科技园区协同发展的前景与对策 ［J］. 中国软科学，1999（3）：42 – 49.

［56］陈征，李建平，郭铁民等. 政治经济学 ［M］. 北京：高等教育出版社，2003：671 – 674.

［57］丁焕峰. 区域创新理论的形成与发展 ［J］. 科技管理研究，2007（9）：18 – 21.

［58］丁明磊，刘秉镰，庞瑞芝. 台湾新竹与内湖科技园区发展模式比较研究及经验借鉴——基于区域创新网络视角 ［J］. 中国科技论坛，2011（5）：91 – 96.

［59］董锐. 高速公路建设项目目标持续性评价研究 ［D］. 北京：北京交

通大学，2011：32－34.

[60] 杜德斌. 跨国公司在华 R&D——现状、影响及对策 [M]. 北京：科学出版社，2009.

[61] 杜志平，穆东. 系统协同发展程度的 DEA 评价研究 [J]. 运筹与管理，2005，14 (1)：75－76.

[62] 官建成，史晓敏. 技术创新能力和创新绩效关系研究 [J]. 中国机械工程，2004，15 (11)：1000－1004.

[63] 龚健，薛学通. 信息产业技术标准的作用机理分析 [J]. 信息技术与标准化，2005 (8)：47－49.

[64] 顾朝林，赵令勋. 中国高技术产业与园区 [M]. 北京：中信出版社，1998.

[65] 郭凤城. 产业群、城市群的耦合与区域经济发展 [D]. 长春：吉林大学，2008.

[66] H. 哈肯. 协同学引论 [M]. 徐锡申，陈式刚，陈雅深等译. 北京：原子能出版社，1984.

[67] H. 哈肯. 协同学：理论与应用（系统科学）[M]. 上海：上海人民出版社，1987：418.

[68] 韩继坤. 技术创新、制度创新与科技园区发展研究 [D]. 武汉：华中科技大学，2007：19－25.

[69] 何建英，何旭宏. 数据统计与 SPSS 应用 [M]. 北京：人民邮电出版社，2003：83－85.

[70] 洪启东，童千慈. 文化创意产业城市之浮现：上海 M50 与田子坊个案 [J]. 世界地理研究，2011 (6)：65－75.

[71] 侯先荣，吴突湖. 企业创新管理：理论与实践 [M]. 北京：电子工业出版社，2003.

[72] 胡钢，国外科技园区研究综述 [J]. 科技管理研究，2010 (17)：42－46.

[73] 黄昭昭. 三次产业协同带动研究 [D]. 成都：西南财经大学，2011：44－45.

[74] 金志农，李端妹，金莹，熊妮. 地方科研机构绩效考核指标及其权重计算——基于专家分析法和层次分析法的对比研究 [J]. 科技管理研究，2009 (12)：103－106.

[75] 景俊海. 风险投资与科技工业园发展 [J]. 科学投资, 2001 (5): 68 - 69.

[76] 景秀艳. 网络权力及其影响下的企业空间行为研究 [D]. 上海: 华东师范大学, 2007.

[77] 景秀艳. 全球与地方的契合: 权力与生产网络的二维治理 [J]. 人文地理, 2007 (3): 22 - 27.

[78] 柯武刚, 史漫飞. 制度经济学: 社会秩序与公共政策 [M]. 韩朝华译. 北京: 商务印书馆, 2000.

[79] 黎鹏. 区域经济协同发展及其理论依据与实施途径 [J]. 地理与地理信息科学, 2005, 21 (4): 51.

[80] 李大伟. 供应链管理与企业竞争 [D]. 北京: 首都经济贸易大学, 2004.

[81] 李洪伟. 德国高等院校与科技园区建设 [J]. 世界教育信息, 2006 (11): 31 - 34.

[82] 李健. 从全球生产网络到大都市区生产空间组织 [D]. 上海: 华东师范大学, 2008: 15 - 17.

[83] 李健, 宁越敏, 汪明峰. 计算机产业全球生产网络分析——兼论其在中国大陆的发展 [J]. 地理学报, 2008, 63 (4): 437 - 448.

[84] 李清均. 产业集聚研究综述 [J]. 学术交流, 2005 (7): 101 - 104.

[85] 李仙德. 基于企业网络的城市网络研究 [D]. 上海: 华东师范大学, 2012.

[86] 李小芬, 王胜光, 冯海红. 第三代科技园区及意外发现管理研究——基于硅谷和玮壹科技园的比较分析 [J]. 中国科技论坛, 2010 (9): 154 - 160.

[87] 李小建. 经济地理学 [M]. 北京: 高等教育出版社, 1999.

[88] 林兰. 技术扩散与高新技术企业技术区位研究 [D]. 上海: 华东师范大学, 2007: 17, 6 - 107.

[89] 刘德燕, 杨增雄. 基于我国经济结构转型下企业家精神研究 [J]. 特区经济, 2012 (11): 223 - 225.

[90] 刘敬伟. 我国科技园区的发展与创新 [D]. 吉林: 吉林大学, 2003: 2 - 5, 10 - 23.

[91] 刘军. 社会网络分析导论 [M]. 北京: 社会科学文献出版社,

2004：116-120，154-158.

[92] 龙志和，吴梅. 广州科技企业集群发展研究 [J]. 科学与科学技术管理，2004 (5)：88-90.

[93] 罗托斯·W. W. 经济成长的阶段 [M]. 北京：商务出版社，1963：125，142-146.

[94] 马海涛. 西方"地方生产网络"相关研究综述 [J]. 世界地理研究，2009，18 (2)：46-55.

[95] 马海涛. 地方生产网络尺度、结构与组织研究及其对城市发展的启示 [J]. 地域研究与开发，2012 (31)：5-18.

[96] 迈克尔·波特. 国家竞争优势 [M]. 李明轩，邱如美译. 北京：华夏出版社，2002.

[97] 茅宁莹. 论企业技术能力 [J]. 现代管理科学，2005 (8)：71-73.

[98] 苗长虹. 马歇尔产业区理论的复兴及其理论意义 [J]. 地域研究与开发，2004，23 (1)：1-8.

[99] 苗长虹. 全球—地方联结与产业集群的技术学习——以河南许昌发制品产业为例 [J]. 地理学报，2006 (4)：425-434.

[100] 苗长虹. 基于演化理论的我国城市合作机理研究 [J]. 人文地理，2012 (1)：54-59.

[101] 苗长虹，魏也华，吕拉昌. 新经济地理学 [M]. 北京：科学出版社，2011.

[102] 彭靖里，邓艺，李建平. 国内外技术创新理论研究的进展及其发展趋势 [J]. 科技与经济，2006 (4)：13-16.

[103] 邱皓政. 结构方程模型的原理与应用 [M]. 北京：中国轻工业出版社，2009：2.

[104] 曲波. 结构方程模型及其应用 [J]. 中国卫生统计，2005 (12)：405-407.

[105] 芮明杰，刘明宇，任江波. 论产业链整合 [M]. 上海：复旦大学出版社，2006：30-38.

[106] 宋捷，李忠，吴良夫. 建立科学评价体系 指导园区转型升级 [N]. 中国高新技术产业导报，2013 年 7 月 29 日，B07 版.

[107] 孙芳. 中国行业协会发展方向研究 [D]. 北京：对外经济贸易大学，2004：1-3.

[108] 孙亚芳. 山西省省级企业技术中心评价研究 [D]. 太原：山西大学，2007：33-35.

[109] 谭啸. 中国城市群发展的区域比较分析 [D]. 沈阳：辽宁大学，2012.

[110] 汤汇浩. 高科技园区综合发展要素及其作用实证分析——以张江高科技园区与美国硅谷的比较研究为例 [J]. 中国科技论坛，2011 (6)：87-93.

[111] 田敏. 总部经济与中心城市产业升级研究 [D]. 成都：西南财经大学，2008.

[112] 王成刚，田甜. 全球链接与全球创新地图 [J]. 新材料产业，2011 (10)：82-84.

[113] 王晖，陈丽，陈垦，薛漫清，梁庆. 多指标综合评价方法及权重系数的选择 [J]. 广东药学院学报，2007 (5)：53-589.

[114] 王缉慈. 创新的空间：企业集群与区域发展 [M]. 北京：北京大学出版社，2001：131.

[115] 王力年. 区域经济系统协同发展理论研究 [D]. 长春：东北师范大学，2012：10.

[116] 魏守华. 集群竞争力的动力机制以及实证分析 [J]. 中国工业经济，2002 (10)：27-34.

[117] 魏心镇，王缉慈. 新的产业空间——高科技产业开发区的发展与布局 [M]. 北京：北京大学出版社，1993：58-71.

[118] 文嫱，曾刚. 嵌入全球价值链的地方产业集群发展——地方建筑陶瓷产业集群研究 [J]. 中国工业经济，2004 (6)：36-42.

[119] 文嫱，曾刚. 从地方到全球：全球价值链框架下集群的升级研究 [J]. 人文地理，2005，84 (4)：21-25.

[120] 吴林海. 世界科技工业园区发展历程、动因和发展规律的思考 [J]. 高科技与产业化，1999 (1)：9-13.

[121] 吴林海. 中国科技园区域创新能力研究 [D]. 南京：南京农业大学，2002：138-145.

[122] 吴季松. 21世纪社会的新细胞——科技工业园 [M]. 上海：上海科技教育出版社，1995：38.

[123] 吴明隆. 结构方程模型——AMOS 的操作与应用 [M]. 重庆：重

庆大学出版社，2009：39-40.

[124] 吉荣康.北京市主导产业选择研究 [D].北京：北京工业大学，2006：11-13.

[125] 解鸿年.科技园区与区域发展——以台湾新竹为例 [D].上海：同济大学，2008.

[126] 徐海英，郭丽丽，张春梅.西方经济地理学关于全球化经济的理论演化综述 [J].人文地理，2011 (4)：65-103.

[127] 徐涛.区域经济文化与区域企业成长 [J].当代经济管理，2010 (2)：59-64.

[128] 许冠南.关系嵌入性对技术创新绩效的影响研究 [D].杭州：浙江大学，2008：98-100.

[129] 许庆瑞，郭斌，王毅.中国企业技术创新——基于核心能力的组合创新 [J].管理工程学报，2000，14 (12)：1-9.

[130] 杨玉珍.区域 EEES 耦合系统演化机理与协同发展研究 [D].天津：天津大学，2011.

[131] 阎晓东.沿海地区产业结构升级研究 [D].福州：福建师范大学，2005.

[132] 吴于廑，齐世荣.世界史·现代史编（下卷）[M].北京：高等教育出版社，1994：280-294.

[133] 翟杰全.技术传播：概念、渠道和企业实践 [J].北京理工大学学报（社会科学版），2010 (2)：90-94.

[134] 张辉.全球价值链下地方产业集群转型和升级 [M].北京：经济科学出版社，2006：12-13，21.

[135] 张静.地方生产网络中的技术学习——以西安经济技术开发区为例 [D].开封：河南大学，2009.

[136] 张克俊.我国高科技园区建设的比较研究 [M].成都：西南财经大学出版社，2005.

[137] 张磊.西方技术创新理论的产生和发展综述 [J].科技与经济，2008 (2)：56-58.

[138] 张利君.科技园区系统协同机制研究 [D].哈尔滨：哈尔滨工业大学，2011：23-24，24-30.

[139] 张新明.国家级高新技术产业开发区发展要素分析及上海张江高

新区实证研究［D］. 上海：华东师范大学，2013：53－54，79－80，109－115.

［140］张愉，綦良群. 高新技术产业知识溢出的作用机理研究［J］. 科技与管理，2010（12）：38－42.

［141］张云伟. 跨界产业集群之间合作网络研究［D］. 上海：华东师范大学，2013：65－66.

［142］张正博. 全球生产网络理论发展过程与发展态势分析［J］. 经济研究导刊，2010（30）：5－6.

［143］赵建吉. 全球技术网络及其对地方企业网络演化的影响［D］. 上海：华东师范大学，2011：43－44.

［144］赵筱媛. 企业信息资源配置理论方法与战略规划研究［D］. 长春：吉林大学，2005：17－21.

［145］赵鑫美. 经济全球化下新生产网络和空间网络的理论与实证分析［D］. 济南：山东师范大学，2010.

［146］赵新正. 经济全球化与长三角全球城市——区域空间结构［D］. 上海：华东师范大学. 2011：116－118.

［147］郑静，薛德升等. 论城市开发区的发展：历史进程、理论背景及生命周期［J］. 世界地理研究，2000，9（2）：79－86.

［148］钟书华. 科技园区管理［M］. 北京：科学出版社，2004：18－23，34－53.

［149］中关村科技园区管委会，长城企业战略研究所. 中关村与世界一流园区基准和目标比较研究［R］. 2005.

［150］周泓. 基于产业聚集理论的天津工业产业布局研究［D］. 天津：天津大学，2006：9.

［151］庄裕美. 海峡两岸科技园区协同发展的可行性研究［J］. 福州大学学报（哲学社会科学版），2000（4）：57－60.

附　　　录

附录一：P 区园区综合情况统计表

园区名称：_____

园区地址：_____

主导产业：_____

调查时间：　　年　　月　　日

	项目	2011 年	2012 年	2013 年
园区 基本情况	1.1 园区总面积（平方米）			
	1.2 园区总使用面积（平方米）			
	1.3 园区资产总额（万元）			
	1.4 园区年度总产值（万元）			
	1.5 园区年度增加值（万元）			
	1.6 园区年度出口总额（万元）			
	1.7 园区年度税收总额（万元）			
	1.8 园区从业人员总数			
	1.9 园区大专（含）学历以上从业人员总数			
	1.10 园区理工类本科（含）学历以上从业人员总数			
园区 企业情况	2.1 园区企业数量			
	2.2 园区内资控股企业数量			
	2.3 园区投资机构和金融机构数量			
	2.4 园区投资机构和金融机构从业人员数量			
	2.5 园区企业年度营业收入总额（万元）			
	2.6 园区企业年度利润总额（万元）			
	2.7 园区企业所拥有的商标总数（累计）			
	2.8 园区企业所拥有的境外商标总数（累计）			
	2.9 园区企业技术合同交易总额（累计）			
	2.10 园区企业经营管理人员总数			

	项目	2011 年	2012 年	2013 年
园区科技 创新情况	3.1 园区企业年度科研经费支出总额（万元）			
	3.2 园区企业享有的政府创新资助年度总额（万元）			
	3.3 园区企业所拥有的发明专利授权总数（累计）			
	3.4 园区企业所拥有的境外发明专利授权总数（累计）			
	3.5 园区内资控股企业高新技术产品年出口额（万元）			
	3.6 园区内资控股企业专利授权总数（累计）			
	3.7 园区科研机构数量			
	3.8 园区高技术企业总数			
	3.9 园区高技术企业从业人员总数			
	3.10 园区高技术企业年度营业收入总额（万元）			
	3.11 园区高技术产品年度出口额（万元）			
	3.12 园区科技人员总数			
	3.13 园区科技人员年度收入总额（万元）			

附录二：P区园区行业分布情况统计表

园区名称：_____ 园区地址：_____ 主导产业：_____ 调查时间：____年____月____日

行业名称	园区企业					园区高技术企业				
	企业数量	企业资产总额（万元）	企业年经营收入总额（万元）	企业年利润总额（万元）	累计专利授权数	企业数量	企业资产总额（万元）	企业年经营收入总额（万元）	企业年利润总额（万元）	累计专利授权数
1. 农、林、牧、渔业										
2. 采矿业										
3. 制造业										
4. 电力、燃气及水的生产和供应业										
5. 建筑业										
6. 交通运输、仓储和邮政业										
7. 信息传输、计算机服务和软件业										
8. 批发和零售业										
9. 旅游业、住宿和餐饮业										
10. 金融业										
11. 房地产业										
12. 租赁和商务服务业										
13. 科学研究、技术服务和地质勘查业										

行业名称	园区企业					园区高技术企业				
	企业数量	企业资产总额（万元）	企业年经营收入总额（万元）	企业年利润总额（万元）	累计专利授权数	企业数量	企业资产总额（万元）	企业年经营收入总额（万元）	企业年利润总额（万元）	累计专利授权数
14. 水利、环境和公共设施管理业										
15. 教育										
16. 卫生										
17. 文化、体育和娱乐业										
18. 专业服务业（律师、审计等事务所）										
19. 社会保障和社会福利业（社保、养老、福利、残疾）										
20. 居民服务业										
21. 其他服务业										
总计										

附录三：P区科技园区（楼宇）企业联系情况调查表

本问卷是华东师范大学资源与环境科学学院进行的一项研究，旨在调查科技园区间企业相互联系的情况。请您根据本企业实际情况进行回答，您的回答对我们的研究结论很重要，也关系到我们对这个问题的探索，非常感谢您热情帮助！本问卷所获得的一切信息都不会用于任何商业目的。

一、企业基本情况

（1）企业名称：_____

（2）企业所处园区：_____

（3）企业成立时间_____年_____月

（4）企业注册资本_____万元（人民币）；总资产_____万元（人民币）

（5）企业主营业务方向_____

（6）企业性质为（请在选中项前的方格内划"√"）：

□国有　　　　□集体　　　　□私营　　　　□外资　　　　□合资

（7）企业职工人数_____人

二、科技园区间企业相互联系情况

1. 企业生产经营联系情况

（1）P区各园区中分别有几个企业是贵企业的产品销售对象？2013年销售金额分别是多少万元（人民币）？

M园　　　　企业个数（　　　）　　　　销售金额（　　　）万元

TP园　　　　企业个数（　　　）　　　　销售金额（　　　）万元

JY园　　　　企业个数（　　　）　　　　销售金额（　　　）万元

TJ园　　　　企业个数（　　　）　　　　销售金额（　　　）万元

ZH园　　　　企业个数（　　　）　　　　销售金额（　　　）万元

HD园　　　　企业个数（　　　）　　　　销售金额（　　　）万元

TD园　　　　企业个数（　　　）　　　　销售金额（　　　）万元

WLD 园	企业个数　（　　　）	销售金额　（　　　）万元
WN 园	企业个数　（　　　）	销售金额　（　　　）万元
XCY 园	企业个数　（　　　）	销售金额　（　　　）万元
ZR 园	企业个数　（　　　）	销售金额　（　　　）万元
KJ 园	企业个数　（　　　）	销售金额　（　　　）万元
KJG 园	企业个数　（　　　）	销售金额　（　　　）万元

（2）P 区各园区中分别有几个企业是贵企业的产品购买对象？2013 年购买支出金额分别是多少万元（人民币）？

M 园	企业个数　（　　　）	支出金额　（　　　）万元
TP 园	企业个数　（　　　）	支出金额　（　　　）万元
JY 园	企业个数　（　　　）	支出金额　（　　　）万元
TJ 园	企业个数　（　　　）	支出金额　（　　　）万元
ZH 园	企业个数　（　　　）	支出金额　（　　　）万元
HD 园	企业个数　（　　　）	支出金额　（　　　）万元
TD 园	企业个数　（　　　）	支出金额　（　　　）万元
WLD 园	企业个数　（　　　）	支出金额　（　　　）万元
WN 园	企业个数　（　　　）	支出金额　（　　　）万元
XCY 园	企业个数　（　　　）	支出金额　（　　　）万元
ZR 园	企业个数　（　　　）	支出金额　（　　　）万元
KJ 园	企业个数　（　　　）	支出金额　（　　　）万元
KJG 园	企业个数　（　　　）	支出金额　（　　　）万元

（3）P 区各园区中分别有几个企业是贵企业的潜在客户？

M 园	企业个数　（　　　）
TP 园	企业个数　（　　　）
JY 园	企业个数　（　　　）
TJ 园	企业个数　（　　　）
ZH 园	企业个数　（　　　）
HD 园	企业个数　（　　　）
TD 园	企业个数　（　　　）
WLD 园	企业个数　（　　　）
WN 园	企业个数　（　　　）
XCY 园	企业个数　（　　　）

ZR 园　　　　　　企业个数（　　　）

KJ 园　　　　　　企业个数（　　　）

KJG 园　　　　　企业个数（　　　）

（4）P 区各园区中分别有几个企业是贵企业的潜在竞争对手？

M 园　　　　　　企业个数（　　　）

TP 园　　　　　　企业个数（　　　）

JY 园　　　　　　企业个数（　　　）

TJ 园　　　　　　企业个数（　　　）

ZH 园　　　　　　企业个数（　　　）

HD 园　　　　　　企业个数（　　　）

TD 园　　　　　　企业个数（　　　）

WLD 园　　　　　企业个数（　　　）

WN 园　　　　　　企业个数（　　　）

XCY 园　　　　　企业个数（　　　）

ZR 园　　　　　　企业个数（　　　）

KJ 园　　　　　　企业个数（　　　）

KJG 园　　　　　企业个数（　　　）

2. 企业隶属情况

（1）P 区各园区中分别有几个企业是贵企业的母公司？

M 园　　　　　　企业个数（　　　）

TP 园　　　　　　企业个数（　　　）

JY 园　　　　　　企业个数（　　　）

TJ 园　　　　　　企业个数（　　　）

ZH 园　　　　　　企业个数（　　　）

HD 园　　　　　　企业个数（　　　）

TD 园　　　　　　企业个数（　　　）

WLD 园　　　　　企业个数（　　　）

WN 园　　　　　　企业个数（　　　）

XCY 园　　　　　企业个数（　　　）

ZR 园　　　　　　企业个数（　　　）

KJ 园　　　　　　企业个数（　　　）

KJG 园　　　　　企业个数（　　　）

（2）P区各园区中分别有几个企业是贵企业的子公司？

M 园　　　　　　企业个数（　　　）

TP 园　　　　　　企业个数（　　　）

JY 园　　　　　　企业个数（　　　）

TJ 园　　　　　　企业个数（　　　）

ZH 园　　　　　　企业个数（　　　）

HD 园　　　　　　企业个数（　　　）

TD 园　　　　　　企业个数（　　　）

WLD 园　　　　　企业个数（　　　）

WN 园　　　　　　企业个数（　　　）

XCY 园　　　　　企业个数（　　　）

ZR 园　　　　　　企业个数（　　　）

KJ 园　　　　　　企业个数（　　　）

KJG 园　　　　　企业个数（　　　）

3. 企业合作情况

（1）P区各园区中分别有几个企业在2013年与贵企业有过产品研发方面的合作？

M 园　　　　　企业个数（　　　）　　　　合作次数（　　　）

TP 园　　　　　企业个数（　　　）　　　　合作次数（　　　）

JY 园　　　　　企业个数（　　　）　　　　合作次数（　　　）

TJ 园　　　　　企业个数（　　　）　　　　合作次数（　　　）

ZH 园　　　　　企业个数（　　　）　　　　合作次数（　　　）

HD 园　　　　　企业个数（　　　）　　　　合作次数（　　　）

TD 园　　　　　企业个数（　　　）　　　　合作次数（　　　）

WLD 园　　　　企业个数（　　　）　　　　合作次数（　　　）

WN 园　　　　　企业个数（　　　）　　　　合作次数（　　　）

XCY 园　　　　企业个数（　　　）　　　　合作次数（　　　）

ZR 园　　　　　企业个数（　　　）　　　　合作次数（　　　）

KJ 园　　　　　企业个数（　　　）　　　　合作次数（　　　）

KJG 园　　　　企业个数（　　　）　　　　合作次数（　　　）

（2）P区各园区中分别有几个企业在2013年与贵企业有过产品加工方面的合作？

M 园	企业个数（　　）	合作次数（　　）
TP 园	企业个数（　　）	合作次数（　　）
JY 园	企业个数（　　）	合作次数（　　）
TJ 园	企业个数（　　）	合作次数（　　）
ZH 园	企业个数（　　）	合作次数（　　）
HD 园	企业个数（　　）	合作次数（　　）
TD 园	企业个数（　　）	合作次数（　　）
WLD 园	企业个数（　　）	合作次数（　　）
WN 园	企业个数（　　）	合作次数（　　）
XCY 园	企业个数（　　）	合作次数（　　）
ZR 园	企业个数（　　）	合作次数（　　）
KJ 园	企业个数（　　）	合作次数（　　）
KJG 园	企业个数（　　）	合作次数（　　）

（3）P 区各园区中分别有几个企业在 2013 年与贵企业有过产品销售方面的合作？

M 园	企业个数（　　）	合作次数（　　）
TP 园	企业个数（　　）	合作次数（　　）
JY 园	企业个数（　　）	合作次数（　　）
TJ 园	企业个数（　　）	合作次数（　　）
ZH 园	企业个数（　　）	合作次数（　　）
HD 园	企业个数（　　）	合作次数（　　）
TD 园	企业个数（　　）	合作次数（　　）
WLD 园	企业个数（　　）	合作次数（　　）
WN 园	企业个数（　　）	合作次数（　　）
XCY 园	企业个数（　　）	合作次数（　　）
ZR 园	企业个数（　　）	合作次数（　　）
KJ 园	企业个数（　　）	合作次数（　　）
KJG 园	企业个数（　　）	合作次数（　　）

（4）P 区各园区中分别有几个中介机构在 2013 年与贵企业有过合作？

M 园	企业个数（　　）	合作次数（　　）
TP 园	企业个数（　　）	合作次数（　　）
JY 园	企业个数（　　）	合作次数（　　）

TJ 园	企业个数（　　）	合作次数（　　）	
ZH 园	企业个数（　　）	合作次数（　　）	
HD 园	企业个数（　　）	合作次数（　　）	
TD 园	企业个数（　　）	合作次数（　　）	
WLD 园	企业个数（　　）	合作次数（　　）	
WN 园	企业个数（　　）	合作次数（　　）	
XCY 园	企业个数（　　）	合作次数（　　）	
ZR 园	企业个数（　　）	合作次数（　　）	
KJ 园	企业个数（　　）	合作次数（　　）	
KJG 园	企业个数（　　）	合作次数（　　）	

附录四：P 区科技园区协同发展研究调查表

　　本问卷是上海华东师范大学资源与环境科学学院进行的一项研究，旨在调查科技园区地方协同发展的影响因素，答案没有对与错之分，如果您觉得某个问题未能完全表达您的意见，请勾选最接近您看法的选项。您的回答对我们的研究结论很重要，也关系到我们对这个问题的探索，非常感谢您热情帮助！本问卷所获得的一切信息都不会用于任何商业目的，请您仔细看题，客观地回答！

一、企业基本情况

1. 企业基本指标（请填空）：

（1）企业名称_____，主营业务方向_____

（2）企业注册资本_____万元（人民币）；总资产_____万元（人民币）

（3）企业职工人数_____人

（4）企业成立时间_____年_____月

二、P 区科技园区协同发展影响因素分析（请在您认为最接近的数字上画"√"）

　　科技园区地方协同发展是指一定区域范围内的科技园区之间通过交流合

作、优势互补，促进资本、人力、技术、信息等资源在园区间自由流动，形成园区共同发展的多赢效果。科技园区地方协同发展包括：（1）不同园区间企业通过竞争、互补、合作实现共同发展；（2）不同园区之间通过产业错位、功能互补等实现共同发展。

1. 区域因素对P区科技园区协同发展的影响	低				高		
（1）区域经济发展水平对P区科技园区协同发展的推动	1	2	3	4	5	6	7
（2）区域文化环境对P区科技园区协同发展的推动	1	2	3	4	5	6	7
（3）区域政策法规对P区科技园区协同发展的推动	1	2	3	4	5	6	7
（4）区域内高等院校和研究机构对P区科技园区协同发展的推动	1	2	3	4	5	6	7
2. 园区因素对P区科技园区协同发展的影响	低				高		
（1）园区区位条件对P区科技园区协同发展的推动	1	2	3	4	5	6	7
（2）园区基础设施完善程度对P区科技园区协同发展的推动	1	2	3	4	5	6	7
（3）园区创新激励机制对P区科技园区协同发展的推动	1	2	3	4	5	6	7
（4）园区管理水平对P区科技园区协同发展的推动	1	2	3	4	5	6	7
3. 产业因素对P区科技园区协同发展的影响							
（1）园区产业结构合理性对P区科技园区协同发展的推动	1	2	3	4	5	6	7
（2）园区产业相似度对P区科技园区协同发展的推动	1	2	3	4	5	6	7
（3）园区产业关联程度对P区科技园区协同发展的推动	1	2	3	4	5	6	7
（4）园区主导产业发展状况对P区科技园区协同发展的推动	1	2	3	4	5	6	7
4. 企业因素对P区科技园区协同发展的影响	低				高		
（1）企业创新能力对P区科技园区协同发展的推动	1	2	3	4	5	6	7
（2）企业家精神对P区科技园区协同发展的推动	1	2	3	4	5	6	7
（3）企业间竞争对P区科技园区协同发展的推动	1	2	3	4	5	6	7
（4）行业协会等社会组织对P区科技园区协同发展的推动	1	2	3	4	5	6	7
5. 资源因素对P区科技园区协同发展的影响	低				高		
（1）园区间资本自由流动对P区科技园区协同发展的推动	1	2	3	4	5	6	7
（2）园区间人力资源自由流动对P区科技园区协同发展的推动	1	2	3	4	5	6	7
（3）园区间技术传播对P区科技园区协同发展的推动	1	2	3	4	5	6	7
（4）园区间信息交流对P区科技园区协同发展的推动	1	2	3	4	5	6	7

附录五：上海市 P 区科技园区协同发展研究访谈单位表

序号	访谈单位所属园区	访谈单位名称
1	无	上海市 P 区科学技术委员会
2	无	上海市 P 区文化局
3	无	上海市 P 区科技投资有限公司
4	TD 园	TD 园管理委员会
5		上海新浩艺软件有限公司
6		上海科锐光电发展有限公司
7		上海蓝鸟软件科技有限公司
8		上海 TD 园数码科技有限公司
9	WLD 园	WLD 园管理委员会
10		科尼起重机设备（上海）有限公司
11		上海施耐德工业控制有限公司
12		上海密特印制有限公司
13		达科电子（上海）有限公司
14		上海嘉成轨道交通安全保障系统有限公司
15	WN 园	WN 园管理委员会
16		上海电器科学研究所（集团）有限公司
17		上海电机系统节能工程技术研究中心有限公司
18		上海电科智能系统股份有限公司
19	HD 园	HD 园管理委员会
20		上海骐瑄智能科技有限公司
21		上海市房屋建筑设计院
22		上海卡勒幅磁共振技术有限公司
23		上海华升生物科技有限公司
24	TJ 园	TJ 园管理委员会
25		上海慕和网络科技有限公司
26		上海网恒文化传播有限公司
27		华稼食品科技（上海）有限公司
28	KJ 园	KJ 园管理委员会
29		上海东洲罗顿通信服务股份有限公司
30		约克（中国）商贸有限公司
31		上海复星药业有限公司

序号	访谈单位所属园区	访谈单位名称
32	M 园	M 园管理委员会
33		上海香格纳文化艺术品有限公司
34		上海加合建筑设计有限公司
35	TP 园	TP 园管理委员会
36		香格纳展库
37		艺玖空间
38		跨盈信息科技有限公司
39	JY 园	JY 园管理委员会
40		翔傲信息科技上海有限公司
41		荣太文化传播有限公司
42	ZH 园	ZH 园管理委员会
43		上海易销科技股份有限公司
44		上海华迪文化传播公司
45		迈奔灵动科技有限公司

附录六：P区样本园区原始数据

二级指标	2011年									
	TD园	WLD园	WN园	HD园	TJ园	KJ园	M园	TP园	JY园	ZH园
1.1 千人拥有研发人员数（人）	285.714	207.612	228.934	73.786	471.025	41.204	215.306	116.402	97.403	127.168
1.2 千人拥有理工类本科（含）学历以上人数（人）	250.119	357.093	298.533	229.515	488.856	347.890	352.041	79.365	402.597	481.696
1.3 企业万元销售收入中科研经费支出（元）	281.250	125.722	115.385	211.355	146.520	25.696	98.872	34.977	41.001	245.412
1.4 千人拥有发明专利累计授权数（个）	2.738	9.827	2.237	11.650	5.944	2.961	11.224	47.619	9.091	5.780
1.5 企业利润率（%）	26.875	8.571	11.538	4.014	10.198	3.826	8.808	0.000	0.766	5.527
2.1 单位面积营业总收入（元/平方米）	37647.059	14060.242	19402.985	248612.727	13650.000	209681.600	12044.689	1853.466	303508.623	2741.212
2.2 单位面积的资产总额（元/平方米）	36600.941	20202.020	34925.373	170525.455	4336.500	118145.200	6312.069	4218.035	22104.912	5246.667
2.3 千人拥有的商标数（个）	3.095	7.197	3.729	15.922	36.157	3.208	6.122	5.291	11.688	11.561
2.4 高新技术产业营业总收入占高新区营业总收入的比例（%）	59.375	35.489	26.923	8.121	8.106	6.053	0.000	2.728	3.250	16.317
2.5 高新技术企业数占高新区内企业总数的比例（%）	5.431	7.857	37.037	1.917	1.154	18.750	3.478	0.000	0.000	1.250
2.6 人均税收额（元/人）	16666.667	120784.775	15113.100	17114.563	9410.599	46851.715	13877.551	15938.095	43870.130	1445.087
3.1 高新技术产品出口额占高新区出口总额的比例（%）	18.462	34.091	0.000	86.932	0.000	0.000	0.000	0.000	0.000	0.000

续表

2011 年

二级指标	TD 园	WLD 园	WN 园	HD 园	TJ 园	KJ 园	M 园	TP 园	JY 园	ZH 园
3.2 内资控股企业高新技术产品出口额占高新区出口总额的比例（%）	13.077	25.193	0.000	0.000	0.000	0.000	0.000	0.000	0.000	0.000
3.3 内资控股企业专利授权数占高新区专利授权数的比例（%）	78.261	76.056	100.000	16.667	100.000	33.333	27.273	100.000	0.000	0.000
4.1 千人拥有的大专（含）学历以上从业人数（人）	904.762	476.817	353.219	745.631	765.726	690.106	459.184	481.481	974.026	674.374
4.2 千人拥有的投资机构和金融机构从业人数（人）	25.119	31.834	2.486	5.049	0.000	1.727	459.184	0.000	0.000	0.000
4.3 千人拥有的企业经营管理者人数（人）	60.476	207.612	137.708	218.641	148.588	102.640	357.143	248.677	233.766	192.678
4.4 科技人员年均收入（万元）	9.188	9.240	8.469	7.474	8.559	9.431	9.374	8.182	6.813	7.273

2012 年

二级指标	TD 园	WLD 园	WN 园	HD 园	TJ 园	KJ 园	M 园	TP 园	JY 园	ZH 园
1.1 千人拥有研发人员数（人）	310.976	256.781	238.095	61.953	483.634	38.158	270.854	95.420	97.087	128.776
1.2 千人拥有理工类本科（含）学历以上人数（人）	243.902	393.195	309.524	232.872	414.491	361.231	393.523	87.786	345.200	476.948
1.3 企业万元销售收入中科研经费支出（元）	237.563	129.719	125.000	208.234	128.000	32.026	92.256	51.303	41.932	119.717
1.4 千人拥有发明专利累计授权数（个）	3.780	12.037	3.571	13.484	18.757	4.325	17.664	68.702	0.000	6.359
1.5 企业利润率（%）	24.986	8.568	11.250	1.556	11.797	3.837	11.410	0.000	0.729	9.069
2.1 单位面积营业总收入（元/平方米）	42094.118	15963.071	23880.597	220730.909	31250.000	219571.600	10536.526	2527.297	359251.583	3341.212

续表

2012 年

二级指标	TD园	WLD园	WN园	HD园	TJ园	KJ园	M园	TP园	JY园	ZH园
2.2 单位面积的资产总额（元/平方米）	36664.706	2121.212	35223.881	215700.000	7713.000	126280.000	6732.873	3426.796	24888.493	4723.030
2.3 千人拥有的商标数（个）	5.366	10.432	4.048	18.222	31.261	3.307	7.851	15.267	11.866	11.129
2.4 高新技术产业营业总收入占高新区营业总收入的比例（%）	50.307	33.221	42.500	9.899	8.757	6.392	2.340	4.121	3.510	13.332
2.5 高新技术企业数占区内企业总数的比例（%）	6.771	7.667	34.286	1.613	0.997	17.647	5.344	2.941	1.852	2.500
2.6 人均税收总额（元/人）	26978.049	128804.365	16345.238	11720.117	12567.120	44057.492	13738.960	22070.611	37117.691	1494.436
3.1 高新技术产品出口额占高新区出口总额的比例（%）	17.600	38.308	0.000	95.639	0.000	0.000	0.000	0.000	0.000	0.000
3.2 内资控股企业高新技术产品出口额占高新区出口总额的比例（%）	13.333	30.459	0.000	0.000	0.000	0.000	0.000	0.000	0.000	0.000
3.3 内资控股企业专利授权数占高新区专利授权数的比例（%）	67.742	86.667	100.000	24.324	100.000	47.059	27.778	88.889	0.000	0.000
4.1 千人拥有的大专（含）学历以上从业人数（人）	914.634	476.007	345.238	750.000	670.467	762.910	539.745	534.351	900.755	667.727
4.2 千人拥有的投资机构和金融机构从业人数（人）	24.390	38.517	8.333	13.848	0.000	1.781	461.237	0.000	0.000	0.000
4.3 千人拥有的企业经营管理者人数（人）	75.976	256.781	161.429	244.169	183.891	103.282	419.038	221.374	215.750	397.456
4.4 科技人员年均收入（万元）	9.412	9.063	8.700	8.824	8.798	10.333	9.583	8.440	7.222	8.025

二级指标	2013 年									
	TD 园	WLD 园	WN 园	HD 园	TJ 园	KJ 园	M 园	TP 园	JY 园	ZH 园
1.1 千人拥有研发人员数（人）	305.882	236.525	245.778	62.332	562.908	38.168	265.385	78.167	123.584	115.523
1.2 千人拥有理工类本科（含）学历以上人数（人）	258.824	379.874	311.111	229.111	595.837	396.129	356.923	99.730	397.528	481.348
1.3 企业万元销售收入中科研经费支出（元）	26.546	157.365	142.857	202.033	131.579	26.927	89.161	219.075	51.789	88.649
1.4 千人拥有发明专利计授权数（个）	4.941	31.107	4.000	14.151	29.823	6.543	19.231	94.340	0.000	4.813
1.5 企业利润率（%）	28.617	7.789	11.429	2.122	10.228	2.246	8.077	0.000	0.766	7.133
2.1 单位面积营业总收入（元/平方米）	44317.647	13479.606	26119.403	175489.091	26125.000	283882.000	12931.745	4793.876	379401.910	5947.879
2.2 单位面积的资产总额（元/平方米）	36600.000	2222.222	35671.642	226136.364	5732.813	119676.400	7153.678	3765.256	276386.715	3929.091
2.3 千人拥有的商标数（个）	6.000	11.038	5.778	17.183	40.385	3.544	7.692	53.908	12.358	9.627
2.4 高新技术产业总营业总收入占高新区内企业总收入的比例（%）	53.252	42.713	45.143	16.595	7.365	3.710	3.615	4.877	4.340	8.661
2.5 高新技术企业数占区内企业总数的比例（%）	7.860	7.003	23.333	1.636	0.909	17.647	7.857	5.405	3.704	2.941
2.6 人均税收总额（元/人）	22941.176	117664.851	15300.000	12702.156	13808.636	52699.019	11538.462	19142.857	43496.395	1058.965
3.1 高新技术产品出口额占出口总额的比例（%）	25.455	49.932	0.000	95.406	0.000	0.000	0.000	0.000	0.000	0.000
3.2 内资控股企业高新技术产品出口额占高新区出口总额的比例（%）	16.364	20.342	0.000	0.000	0.000	0.000	0.000	0.000	0.000	0.000
3.3 内资控股企业专利授权数占高新区专利授权数的比例（%）	83.333	77.419	44.444	26.190	100.000	50.000	32.000	91.429	0.000	0.000

续表

二级指标	2013 年										
	TD 园	WLD 园	WN 园	HD 园	TJ 园	KJ 园	M 园	TP 园	JY 园	ZH 园
4.1 千人拥有的大专（含）学历以上从业人数（人）	917.647	547.878	333.333	739.892	905.250	768.811	446.154	579.515	921.730	673.887
4.2 千人拥有的投资机构和金融机构从业人数（人）	25.882	35.837	7.778	12.803	0.000	1.908	384.615	0.000	0.000	0.000
4.3 千人拥有的企业经营管理者人数（人）	83.765	243.693	178.444	259.771	186.393	110.960	376.154	242.588	232.750	421.179
4.4 科技人员年均收入（万元）	10.385	9.576	9.042	8.649	9.382	10.714	9.814	8.621	7.658	8.333

后 记

祖籍浙江诸暨（山清水秀的偏僻村落），长于江西玉山（纷繁喧闹的交通要枢）。祖辈历代从事木工，父亲早年教书，后自学建筑设计和水泥制造并成为技术骨干，为人宁静、淡泊。母亲好学善思，主业图书管理，副业裁缝医学，勤俭持家有毅力。父亲的职业让我爱好设计，母亲的行业使我博览杂书。大姐秉承父业，同济大学毕业从事建筑设计；二姐与我却师承父亲早年行当，先后毕业于江西师范大学地理系，教书育人。

华东师范大学的研究生课程进修班，上海交通大学的 MPA，让我接受了再次的知识教育和精神洗礼。教师的渊源，让我始终萦绕师大；与地理的机缘，则让我再次折转资环。人生如戏，2011 年 9 月，我有幸再次作为华东师范大学资源与环境科学学院城市与区域经济系的学子，成为一名统招博士生。寒暑往来五秋已过，攻博期间的心路历程，使我对求知求实有了新的体会，不再仅囿于对学位学历的单一索求，更多的是对人生价值的思考和感悟。数易其稿的专著也得益于这一时期的基础研究，然在书稿付梓开印之时，虽有辛劳稍有小获的一丝喜悦，却凭生几分"路漫漫其修远兮，吾将上下而求索"的感叹，更多地却是回顾起师长同窗家人同事对我的时常鞭策和竭力帮助，感恩之情油然而生。

首先，我要感谢导师曾刚教授。导师是知识渊博宽广、治学严谨周密、为人宽宏大度的专家学者，在城市创新与区域经济范畴、产业集聚和技术扩散领域的研究造诣深厚。几年的求学生涯，导师引领我走进学术殿堂，经常指导学业，时常教诲人生，传授卓识予我，赠送书籍予我，并为我提供了许多提高学术能力和科研水平的机会。导师的教导和熏陶，让我逐步有了些许专业功底，并日趋深入学术之门径，在同行面前也有了基本自信。导师对旗下弟子们的学业要求也极为严格，从学术研讨、文章发表、校外交流、考察活动等，都让大家在学术研究中体会、感知进阶的成就和乐趣。这部专著的完成，导师在学术研究方面，悉心指导、耐心指点、反复斟酌、倾注心血，多次与我讨论框架设计、结构布局。它凝聚了导师的心血，也映射出导师一丝不苟的人生态度。我将以导师为榜样，严谨细致治学，踏实勤奋工作。

感谢华东师范大学城市与区域科学学院各位前辈与老师的帮助和支持！感谢你们的精彩授课，你们的指点、帮助和鼓励使我学到了更多的学术前沿知识，拓宽了研究视野，并深感地理学界的学术使命之崇高、学风规范之可贵。也感谢与我同窗共度的2011级博士班的各位同学，很难忘记我们相互鼓励、相互学习，一起学习交流、一起畅谈人生的美好日子。你们的陪伴，让我的学术道路变得多姿多彩；你们在我学习过程中给予的大力帮助，使的学习生活更加充实有趣！感谢单位组织和领导对我的培养和关怀，让我能够在在职期间有机会以委培的身份进入华师学府进行深造。感谢我的同事们，是你们的大力支撑，让我能够腾出时间和精力，尽情地游弋于学理的天地。特别要感谢我的同事郭秋实，不但在工作上对我大力支持，还在论文的数据收集和处理上给予了我很大帮助。感谢P区科委、文化局和相关园区的领导及统计人员，他们为我的论文提供了宝贵的数据来源和案例支撑。还要衷心感谢经济科学出版社王长廷主任和刘莎编辑的辛苦劳动与热情指导。

专著将成，感慨颇多。不惑之年求识之人，道路更显艰辛繁重，既要按质按量完成学术研究，更要努力工作勤奋实践。感谢我的父母、岳父岳母的含辛茹苦，两位姐姐带给我的浓浓亲情，妻子杨莉的温馨理解和鼎力支持，也感谢时时给我带来欢乐和惊喜的女儿边钰茹小朋友。大恩难言谢，我将带着你们的关怀和祝福，一路风雨一路歌。谨祝所有的师友、同仁、亲人幸福快乐，平安健康！

筚路蓝缕，以启山林；殚思极虑，尽献微言。

边慧夏
2016年1月于上海